ES ÉLÉMENTAIRES ET COURS D'ADULTES

A. LEMOINE & **VILLETTE**
Inspecteur de l'enseignement primaire
Officier de l'Instruction publique

Instituteur primaire
Président et Lauréat de Sociétés
de tempérance
Officier d'Académie

Contre
l'Alcoolisme

RECUEIL DE DEVOIRS
PRÉPARÉS POUR CHAQUE SEMAINE

Maximes.
Lectures.
Modèles d'écriture.

Dictées.
Problèmes.
Rédactions.

Récitations.

PARIS
LIBRAIRIE CLASSIQUE FERNAND NATHAN
18, RUE DE CONDÉ, 18

A. Pierre, Minet et Mlle A. Martin. **Mon Cousin Jacques.** Histoire d'un candidat au Certificat d'Études. 1 vol. in-12, cartonné.................. 1 40
Le Livre du Maître. 1 vol. in-12, cartonné.
Pierre et Letrait. **Pour les Moyens et les Grands.** Lectures et Récitations morales. 1 vol. in-12, cartonné................................... 0 90
Le Livre du Maître. 1 vol. in-12, cartonné.

Contre l'Alcoolisme

RECUEIL DE DEVOIRS : DICTÉES, PROBLÈMES, MAXIMES, RÉDACTIONS, etc.

A LA MÊME LIBRAIRIE

ENVOI FRANCO CONTRE MANDAT OU TIMBRES-POSTE

D' LEGRAIN et PÉRÈS. — **L'Enseignement antialcoolique à l'école.** Lectures, causeries, résumés. 1 vol. in-12 cart....... **1 fr. 25**

D' GALTIER-BOISSIÈRE. — **20 Bons points antialcooliques,** la collection de 20, 0 fr. 60; le cent, 2 fr. 50; le mille...... **22 fr. 50**

Jules STEEG. — **Les Dangers de l'alcoolisme.** *Lectures scolaires, maximes.* 1 vol. in-12 cart............................ **1 fr.**

— **14 Maximes antialcooliques,** murales, imprimées en gros caractères sur papier « Idéal » fort, prêtes à être plac. au mur. **2 fr.**

— **15 Maximes (murales) d'hygiène,** imprimées sur papier « Idéal » fort, prêtes à être placées au mur.................... **1 fr.**

— **15 Maximes (murales) contre la tuberculose,** imprimées sur papier « Idéal » fort, prêtes à être placées au mur........ **1 fr.**

S. FLAINVILLE. — **Histoire de trois amis,** livre de lecture antialcoolique, à l'usage des élèves des cours moyen et supérieur et des cours d'adultes. 1 vol. in-12, cart................ **0 fr. 35**

Ernest FERNBACH. — **2 conférences sur la Tuberculose.** 1 broch. in-12... **0 fr. 25**

E.-L. BOUVIER et Léon LETRAIT. — **Lectures-Leçons d'Agriculture et de Sciences physiques et naturelles.** 1 vol. in-12, cart. (*couverture jaune*).. **1 fr. 50**

Problèmes et rédactions agricoles. 1 vol. in-12 br....... **0 fr. 15**

ÉDITION DES RÉGIONS DU NORD ET DU NORD-OUEST

E.-L. BOUVIER et Léon LETRAIT, avec la collaboration de M. DAVID, inspecteur primaire du Pas-de-Calais. **Lectures-Leçons d'Agriculture et de Sciences physiques et naturelles.** — 1 vol. in-12 cart. (*couverture bleue*).................. **1 fr. 50**

E.-L. BOUVIER et L. LETRAIT, avec la collaboration de Mlle VARENNE. — **Lectures-Leçons d'Économie domestique, d'Agriculture et de Sciences physiques et naturelles** en rapport avec l'Instruction ministérielle du 4 janvier 1897. 1 vol. in-12, cart.. **1 fr. 50**

Volumes répondant particulièrement aux instructions ministérielles du 4 janvier 1897.

ÉCOLES ÉLÉMENTAIRES ET COURS D'ADULTES

Contre l'Alcoolisme

RECUEIL DE DEVOIRS
PRÉPARÉS POUR CHAQUE SEMAINE

PAR

A. LEMOINE & **VILLETTE**

Inspecteur de l'enseignement primaire
Officier de l'Instruction publique

Instituteur primaire
Président et Lauréat de Sociétés
de tempérance
Officier d'Académie

Maximes.
Lectures.
Modèles d'écriture.

Dictées.
Problèmes.
Rédactions.

NOUVELLE ÉDITION, REVUE ET CORRIGÉE

PARIS
LIBRAIRIE CLASSIQUE FERNAND NATHAN
18, RUE DE CONDÉ, 18
—
1902
Tous droits réservés.

Tout exemplaire de cet ouvrage non revêtu de ma griffe sera réputé contrefait.

OUVRAGES RECOMMANDÉS

POUR LA PRÉPARATION AU CERTIFICAT D'ÉTUDES

LABEYRIE et Ed. GILLET. — Manuel-revision du certificat d'études primaires (classes du jour et cours d'adultes) sur un plan nouveau et les plus récentes circulaires ministérielles. 1 vol. in-12, cart.. 1 fr. 50

Chaque partie se vend séparément sous forme de livret

Livret de morale et d'enseignement civique............	0 fr. 30
Livret d'histoire et de chronologie......................	0 fr. 40
Livret de géographie..	0 fr. 30
Livret d'arithmétique.......................................	0 fr. 40
Livret de sciences physiques et naturelles et d'agriculture.	0 fr. 40
Livret de grammaire..	0 fr. 30
La Récitation du Certificat d'études.....................	0 fr. 30

AMMANN et E.-C. COUTANT. — Histoire de France des origines à nos jours (*cours concentrique*), cours bleue, COURS MOYEN. 1 fr. 40

J. STEEG. — Le Livre de Morale du petit Citoyen...... 1 fr. 25

D' G. VAN GELDER. — Le Livre unique de Sciences physiques et naturelles .... 1 fr. 25

COMTE et BOCQUILLON. — Chronologie par l'aspect (*Histoire de France*). Le tableau mural .... 3 fr. »
La feuille de l'élève.. 0 fr. 25

Voir nos Catalogues complets.

PRÉFACE

De toutes les questions sociales qui agitent actuellement notre pays, une des plus importantes est certainement l'**Alcoolisme**.

La lutte contre ce fléau s'impose à tout citoyen soucieux de la prospérité et de la sécurité même de la Patrie.

Aussi, nous expliquons-nous l'empressement qu'on a mis à répondre au cri d'alarme jeté, il y a quelques années, par des esprits clairvoyants. Partout des conférences s'organisent, des ligues se fondent, des sociétés de tempérance se créent.

Le personnel enseignant ne pouvait rester indifférent à cette croisade contre l'Alcoolisme. Il est entré résolument dans la voie qui lui a été tracée, et l'on peut être assuré que, dans ce nouvel enseignement, ou plutôt dans ce complément d'éducation, il s'efforcera de se maintenir à la hauteur de sa mission.

Mais les programmes de l'enseignement primaire sont chargés, très chargés même. Faut-il y ajouter une nouvelle matière ? Nous ne le pensons pas. Toutefois nous estimons qu'il convient, qu'il est nécessaire de donner, de temps en temps, un devoir se rapportant à l'Alcoolisme.

Dans le but de satisfaire au désir qui nous a été maintes fois exprimé et, aussi, pour faciliter la tâche des instituteurs et des institutrices, nous avons réuni un certain nombre de devoirs qui offrent ce mérite d'avoir été déjà pratiqués dans plusieurs écoles, et d'avoir contribué à enrayer le mal alcoolique en faisant naître, chez les enfants et chez les élèves des cours d'adultes, une crainte salutaire, commencement de la sagesse.

Comme modèle d'écriture, nous avons presque toujours donné une maxime ou phrase qui résume la lecture indiquée : on pourra ainsi en fixer dans l'esprit des auditeurs l'idée maîtresse trop souvent fugitive.

Nous mettons nos lecteurs en garde contre une appréciation trop rapide de ce livre : qu'ils ne nous accusent pas de monotonie et qu'ils veuillent bien songer que ces devoirs ne doivent être proposés aux élèves qu'une fois par semaine.

Contre l'Alcoolisme

1ʳᵉ SEMAINE

MAXIME
L'eau est la plus saine des boissons

LECTURE
Les Boissons (Voir *les Dangers de l'Alcoolisme* de J. Steeg, p. 9.)

ÉCRITURE
Les buveurs d'eau résistent mieux à la fatigue que les buveurs de vin et d'alcool.

DICTÉE

UNE MAUVAISE HABITUDE

L'habitude de prendre des boissons fermentées et de s'enivrer est fort ancienne ; c'est, prétend-on, un résultat de la civilisation. Mais on n'a pas le droit d'en conclure que cette habitude soit bonne ou utile ; l'ancienneté ne prouve rien à cet égard, sans quoi le cannibalisme, la torture, l'esclavage, et tant d'autres coutumes séculaires de nos ancêtres, devraient être défendus au même titre. Les boissons fermentées étaient autrefois coûteuses. On buvait ordinairement lors des fêtes, mais les gens aisés seuls pouvaient se permettre pareil luxe.

Il faut être aveugle pour ne pas voir, ni comprendre l'effet inévitable de la formidable augmentation de la consommation des boissons alcooliques, due à l'art de produire artificiellement et en immense quantité l'eau-de-vie et la bière, depuis plus d'un siècle.

Dr FOREL.

PROBLÈME

En supposant que chaque département envoie annuellement 10 alcooliques dans les asiles d'aliénés, et que chacun d'eux coûte aux contribuables 650 francs par an, quelle serait la dépense annuelle pour les 86 départements, et combien, avec cette somme, pourrait-on retraiter de vieux ouvriers, si à chacun d'eux on servait une pension de 325 francs ?

RÉDACTION

En allant acheter du cidre pour vos parents, vous avez aperçu l'intérieur d'un cabaret.
Dites ce que vous avez remarqué : mobilier, bruit, cris, fumée, odeur de l'absinthe.
Vous plairait-il de séjourner dans ce milieu ?
Pourquoi ?
Résolution ?

2e SEMAINE

MAXIME

L'eau-de-vie, c'est l'eau de mort

LECTURE

Les produits de la distillation (Voir *les Dangers de l'Alcoolisme* de J. STEEG, p. 20.)

ÉCRITURE

L'usage de l'alcool affaiblit la volonté et le jugement.

DICTÉE

ALCOOLISME DU NOURRISSON

Un nourrisson alcoolique ! mais c'est impossible, nous dira-t-on. Ce n'est malheureusement que trop fréquent. Nous savons que l'alcool ne subit pas de transformation complète dans l'organisme, qu'une partie traverse le corps et en ressort par les différentes sécrétions, sans se modifier.

On le retrouve dans l'haleine, dans la transpiration, dans l'urine. Il n'est donc pas étonnant de le trouver chez les nourrices, dans le lait. C'est là un fait important et bien digne d'être relevé, car, dans le public, il existe ce préjugé qu'une nourrice, pour avoir beaucoup de lait, doit boire du vin et beaucoup de bière. Le résultat le plus clair de cette pratique est de donner à l'enfant du lait alcoolisé, et d'autant plus alcoolisé que la nourrice fait plus usage de boissons alcooliques.

Dr Combes.

PROBLÈME

Un ouvrier fume pour 0 fr. 15 de tabac par jour et boit 4 petits verres d'eau-de-vie à 0 fr. 10 chacun.

Quelle somme dépensera-t-il en 25 ans, si sa dépense en tabac et en eau-de-vie est doublée chaque dimanche et pendant 6 jours de fête par an ?

RÉDACTION

Quelle est la meilleure boisson ? Dites les raisons de votre préférence.

3ᵉ SEMAINE

MAXIME

La tempérance, c'est le bonheur à bon marché

LECTURE

Un sage discours (Voir *les Dangers de l'Alcoolisme* de J. Steeg, p. 28.)

ÉCRITURE

Les maladies n'atteignent que rarement les personnes tempérantes.

DICTÉE

ALCOOLISME CHEZ L'ENFANT

L'alcoolisme existe-t-il chez l'enfant ? Hélas ! oui, au moins dans notre génération. Les anciens disent bien que, de leur temps, les enfants ne buvaient pas de vin. Actuellement le vin et la bière sont donnés presque journellement aux enfants, et cela surtout dans la classe bourgeoise. Aux enfants faibles on donne des vins forts : malaga, madère, marsala ; aux anémiques, du cognac et de l'eau de cerise, ou de la bonne eau-de-vie de marc « faite à la maison ». Cela part certainement d'un bon naturel : on croit fortifier l'enfant.

L'alcoolisme chez l'enfant existe donc ; il est même très fréquent, et il est bien souvent la cause de désordres graves, de maladies sérieuses, qui se guérissent comme par enchantement, quand on supprime la cause, c'est-à-dire les boissons alcooliques.

Dʳ Combes.

PROBLÈME

En 1887, on évaluait déjà à 1 milliard et demi la dépense annuelle en alcool pour la France, à 1 milliard la somme des salaires perdus par l'alcoolisme. Calculez pour 1 jour la perte causée par ce fléau.

RÉDACTION

Le père Jacques, le mendiant, gagnait autrefois 6 francs par jour et ne manquait jamais d'ouvrage. Il s'adonna à la boisson ; ses forces diminuèrent ; le travail devint rare, et aujourd'hui il est dans la misère. Racontez son histoire et montrez ce qui lui serait arrivé s'il eût été sobre.

4ᵉ SEMAINE

MAXIME

L'intempérance est une honte et une dégradation

LECTURE

L'ivresse (Voir *les Dangers de l'Alcoolisme* de J. Steeg, p. 54.)

ÉCRITURE

Qui vit content de peu, possède toute chose.

DICTÉE

INFLUENCE DE L'ALCOOL CHEZ L'ENFANT

Les poisons agissent d'une manière très différente chez l'enfant et chez l'adulte. Il en est de même pour l'alcool, qui a proportionnellement une action beaucoup plus grande sur le premier que sur le second. La toxicité est donc plus grande chez l'enfant. En second lieu, le système nerveux est très développé chez l'enfant ; le cerveau, beaucoup plus gros et plus lourd par rapport au corps que chez l'adulte, reçoit beaucoup plus de sang que celui de l'adulte. L'alcool, excitant du système nerveux, trouve donc un terrain tout préparé pour agir, et l'excitation produite est, toute proportion gardée, beaucoup plus forte chez l'enfant que chez l'adulte. Il en résulte que, pour que le développement de l'intelligence soit normal chez l'enfant, il faut éviter tout ce qui peut entraver le fonctionnement normal du cerveau.

Dr COMBES.

PROBLÈME

Un père de famille dépense chaque jour 0 fr. 45 d'eau-de-vie et mange en moyenne 620 grammes de pain à 0 fr. 30 le kilogramme.

Pendant combien de jours aurait-il pu se procurer le pain avec la somme qu'il dépense annuellement en eau-de-vie ?

RÉDACTION

La tempérance. En quoi elle consiste. Ses heureux résultats: corps robuste et sain, résistance à la fatigue et aux privations. Dignité personnelle. Nécessité de prendre cette habitude de bonne heure.

5ᵉ SEMAINE

MAXIME

L'ivrognerie conduit au déshonneur

LECTURE

Roger-Bon-Temps (Voir *les Dangers de l'Alcoolisme* de J. STEEG, p. 84.)

ÉCRITURE

L'homme sage est plus fort que les passions.

DICTÉE

LE CABARET EST L'ENNEMI DE L'ÉCOLE

L'école n'a pas d'ennemi plus redoutable que le café, la boutique du marchand de vins. Qu'est-ce qui fait disparaître dans l'apprenti toutes les bonnes aspirations que l'instituteur avait péniblement évoquées chez l'élève ? C'est le cabaret. Qu'est-ce qui fait rentrer dans la fainéantise, dans l'amour du jeu de hasard et dans la débauche, le fils du bourgeois que l'instituteur avait essayé de mettre sur le chemin d'une vie laborieuse et honnête ? C'est le café. Il faut que les instituteurs pensent à cela, et, comme ils ont souci de conserver les fruits de leurs efforts, ils doivent se mettre à l'œuvre contre l'alcoolisme avec toute l'énergie dont ils sont capables.

Dr ROUBINOWITCH.

PROBLÈME

Un ouvrier consomme chaque jour pour 0 fr. 15 d'eau-de-vie et fume pour 0 fr. 20 de tabac. Combien aurait-il pu économiser en se privant de tabac et d'eau-de-vie pendant 20 années, dont 5 bissextiles ?

Combien cette somme placée à 3 0/0 aurait-elle rapporté d'intérêts ?

RÉDACTION

Vous avez vu dans la rue un ivrogne chanceler, prononcer des paroles sans suite ou malhonnêtes, puis rouler dans le ruisseau et y rester incapable de se relever. Quelles réflexions vous a suggérées ce spectacle ?

6ᵉ SEMAINE

MAXIME
Méfiez-vous du petit verre, il tue le corps et l'âme

LECTURE
Le coup du matin (Voir *les Dangers de l'Alcoolisme* de J. Steeg, p. 65.)

ÉCRITURE
L'alcoolique s'empoisonne un peu chaque jour.

DICTÉE
LES CAUSES DE L'INTEMPÉRANCE

« L'ivrognerie, a dit Montaigne, me semble un vice grossier et brutal. » Les autres vices se cachent, se dissimulent, ou peuvent, du moins, avoir une certaine apparence noble et généreuse. Celui-ci est franchement ignoble et s'étale dans toute sa laideur. Les poètes ont pu célébrer le vin sur tous les tons : toutes les ressources de leur art ne réussiraient pas à jeter un vernis poétique sur ce qu'il y a d'abject et de bestial dans l'ivresse.

Ce qui est le moins développé par l'éducation, c'est le sentiment moral, le sentiment du devoir, de la responsabilité, de la dignité humaine. Les idées sont peu élevées, les caractères faibles, les volontés chancelantes, de sorte que le point d'appui manque pour résister à la tentation.

Eugène Picard.

CONTRE L'ALCOOLISME

PROBLÈME

L'eau-de-vie ordinaire contient encore 47 0/0 d'alcool. On demande la quantité d'alcool pur absorbé pendant 15 ans par un ouvrier, qui, chaque jour, prend 4 petits verres d'eau-de-vie de 4 centilitres et demi chacun ?

RÉDACTION

De quels défauts principaux l'ouvrier doit-il se garder pour éviter la misère ?

7ᵉ SEMAINE

MAXIME

L'intempérance engendre tous les malheurs

LECTURE

Les étapes d'une vilaine route (Voir *les Dangers de l'Alcoolisme* de J. STEEG, p. 99.)

ÉCRITURE

L'alcoolique est un danger public.

DICTÉE

DE L'EAU

Plus de la moitié des populations du globe font de l'eau leur boisson habituelle. Il importe que cette eau réunisse certaines qualités. Elle devra être fraîche, agréable au goût et suffisamment aérée. Sa température devra être plus froide en été qu'en hiver ; elle cuira bien les légumes et elle ne donnera pas de dépôt après ébullition. L'eau, prise en de telles conditions et en quantité modérée, disposera l'estomac à bien digérer. L'eau la meilleure est celle qu'on prend non loin de sa source et qui a coulé quelque temps sur du sable ou sur des cailloux. Dans ce parcours elle s'est chargée d'air et elle est devenue légère. L'eau prise à la source, quoique bonne, ne la vaut pas. L'eau de puits est, en général, une eau mauvaise, privée d'air, dissolvant mal le savon, et contenant dès sels de chaux dans des proportions nuisibles quelquefois à la santé.

Dr BILLAUDEAU.

PROBLÈME

Un habillement complet vaut 52 francs, les bottines 13 fr. 50, et le chapeau 6 francs. Un ouvrier a la mauvaise habitude de boire chaque jour pour 0 fr. 50 d'absinthe. Dites en combien de jours, s'il se corrige de son défaut, pourra-t-il économiser l'argent nécessaire à l'achat du complet, des bottines et du chapeau ?

REDACTION

Les ouvriers qui travaillent à la construction d'une maison voisine de la vôtre ne sont pas à l'ouvrage. Vous en demandez la raison à votre père, qui vous répond : « Ils font le lundi, » et il vous explique ce qu'on entend par ces mots.

Dites ce que vous pensez de la conduite de ces ouvriers.

8e SEMAINE

MAXIME

Point d'excès, point de médecin

LECTURE

Six cents médecins hollandais (Voir *les Dangers de l'Alcoolisme* de J. STENO, p. 108.)

ÉCRITURE

On retrouve souvent l'usage de l'alcool comme l'origine des plus graves maladies.

DICTÉE

LA MANIE D'IMITATION

La cause de notre habitude de prendre des boissons alcooliques n'est pas du tout la misère, mais surtout la manie d'imitation de l'homme. Le premier verre de bière qu'on prend n'a pas meilleur goût que le premier cigare. Les hommes boivent parce que d'autres boivent ! Et, dès qu'on est habitué à boire, on ne manque naturellement jamais de raisons pour continuer. On boit quand on se revoit, on boit quand on se quitte. On boit quand on a faim pour engourdir la faim, et quand on est rassasié pour se donner de l'appétit. On boit quand il fait froid pour se réchauffer, et quand il fait chaud pour se rafraîchir. On boit quand on a sommeil pour se tenir éveillé, et quand on a des insomnies pour se faire dormir. On boit quand on est triste, on boit parce qu'on est gai. On boit à un baptême, on boit à un enterrement.

Dr Bunge.

PROBLÈME

Avec l'argent qu'il gaspille en liqueurs alcooliques, soit 0 fr. 75 tous les 3 jours, combien un ouvrier pourrait-il acheter, à la fin de l'année, de stères de bois à 17 fr. 50 l'un ?

RÉDACTION

Vous connaissez, non loin de la maison de vos parents, un homme qui s'adonne, depuis de longues années, à l'ivrognerie.

Dites l'impression que vous a causée, la dernière fois que vous l'avez vu, sa santé comparée à celle des hommes de son âge, qui n'ont pas contracté, comme lui, cette funeste habitude.

9ᵉ SEMAINE

MAXIME

Acheter de l'alcool, c'est acheter la mort

LECTURE

Cela ne me regarde pas (Voir *les Dangers de l'Alcoolisme* de J. Steeg, p. 116.)

ÉCRITURE

Rien de ce qui est humain ne doit être indifférent à l'homme de bien.

DICTÉE

SANS RIME, NI RAISON

L'alcool est entré dans notre consommation habituelle ; il s'en consomme à toute heure du jour des quantités fantastiques, à tout propos, sans rime, ni raison ; il est le prétexte ou l'accessoire de bien des existences actives, pour les uns ; pour d'autres, il est tout simplement un but, l'objet d'une jouissance. L'homme, la femme, l'enfant, tous en usent ; il semble devenu un besoin impérieux. En s'opposant à de semblables abus, on se heurte à une position solide, lentement, mais sûrement conquise. Médire du vin, dénigrer l'alcool auprès de certains, c'est presque se couvrir de ridicule. On est un misanthrope ou un fâcheux, si l'on prêche l'abstinence ; on n'est plus l'ami de l'ouvrier qui meurt à la peine. Eh bien ! il faut qu'on se le dise et qu'on ne craigne pas de le redire : on s'alcoolise, tout en conservant les attributs extérieurs d'un honnête homme.

Dr Legrain.

PROBLÈME

Un ouvrier, dont le gain journalier est de 3 fr. 50, dépense chaque jour 0 fr. 85 d'alcool.

1° Quelle est sa dépense en 1 mois ?

2° Combien cette dépense représente-t-elle de 1/2 kilogrammes de pain à 0 fr. 35 le kilogramme ?

RÉDACTION

L'alcool et la piété filiale.

Le jeune homme qui va assidûment au cabaret sera-t-il toujours affectueux, respectueux pour son père et sa mère ? Les aidera-t-il dans leur vieillesse ?

Dites ce que vous pensez à ce sujet.

10e SEMAINE

MAXIME

L'alcool est un excitant factice qui ruine la santé

LECTURE

L'alcool et l'estomac (Voir *les Dangers de l'Alcoolisme* de J. Steeg, p. 33.)

ÉCRITURE

Un verre d'eau coûte moins cher et fait plus de bien qu'un verre d'eau-de-vie.

DICTÉE

AUTREFOIS ET AUJOURD'HUI

Autrefois, dans la plupart des pays, on buvait de l'eau pendant les jours de travail. Aujourd'hui, l'habitude vicieuse de prendre constamment des boissons alcooliques pendant les repas et dans leur intervalle s'est tellement invétérée chez les peuples civilisés qu'on alcoolise non seulement les femmes et les enfants, mais même les nourrissons. Les gens vivent dans l'illusion de se nourrir et de se fortifier par l'alcool; les nourrices s'imaginent gagner à son aide de la force pour elles et leurs nourrissons. On en est arrivé à se faire une gloire de supporter beaucoup d'alcool. Nos ancêtres cherchaient à s'illustrer par des actions héroïques; notre jeunesse moderne cherche sa gloire dans le nombre de verres de vin ou d'absinthe qu'elle arrive à absorber.

Dr Forel.

PROBLÈME

Un père de famille consomme chaque jour 0 fr. 15 de tabac et 0 fr. 40 en apéritifs. Combien, avec l'argent qu'il dépense ainsi annuellement pourrait-il acheter de litres de vin à 85 francs l'hectolitre?

RÉDACTION

Le lundi.

Qu'est-ce que faire le lundi? Conséquences : incapacité de travail le mardi, perte du salaire et dépenses ; habitudes contractées : paresse, ivrognerie.

Comment emploierez-vous le lundi quand vous serez à l'atelier ?

11ᵉ SEMAINE

MAXIME

L'intempérance porte avec elle sa punition

LECTURE

Les troubles de la sensibilité (Voir *les Dangers de l'Alcoolisme* de J. Steeg, p. 40.)

ÉCRITURE

L'alcool ramène l'humanité à l'état barbare.

DICTÉE

NOS FÊTES ET L'ALCOOL

La prétendue nécessité des boissons alcooliques pour animer nos fêtes et nos sociétés en général n'est qu'une de ces innombrables assertions fausses qu'on s'habitue à lancer sur les sujets qu'on ne se donne pas la peine d'étudier. Il faudrait le prouver par la contre-expérience. Or les abstinents donnent, tous les jours, la preuve qu'ils peuvent être aussi gais, aussi joyeux, aussi sociables que les buveurs modérés.

Les produits de l'esprit humain dus à l'enthousiasme alcoolique qui résulte des libations usuelles n'ont guère que la valeur passagère que leur prête l'illusion purement subjective des cerveaux alcoolisés. Ils ne résistent pas à une critique sérieuse. Beaucoup d'entre eux sont reniés par leurs propres auteurs le lendemain matin.

Dr FOREL.

PROBLÈME

Deux ouvriers appartenant au même atelier gagnent 4 fr. 50 par jour. Ils doivent travailler 300 jours par an. L'un d'eux dépense 0 fr. 25 par jour au cabaret. De plus, par son intempérance, il perd 20 jours de travail par an. Quel est leur avoir à la fin de l'année, et combien l'ouvrier sobre a-t-il de plus que l'autre?

REDACTION

Vous avez rencontré un homme ivre, jeune encore. Vous avez été effrayé et vous vous êtes éloigné. Vous avez examiné sa tenue, sa démarche. Désolation de sa famille que vous connaissez.

Ecrivez à un de vos amis, pour lui faire part de votre rencontre et des sentiments qu'elle vous a inspirés.

12e SEMAINE

MAXIME

Il faut manger et boire pour vivre, et non vivre pour boire et manger

LECTURE

Les désordres intellectuels (Voir *les Dangers de l'Alcoolisme* de J. STEEG, p. 43.)

ÉCRITURE

Le buveur ne peut fixer longtemps son attention.

DICTÉE
L'HOMME A L'ÂGE DE SES ARTÈRES

Foin des sophismes ! L'observation est là et ne souffre pas de contradiction. L'alcoolisme, c'est la décrépitude avant l'âge. L'un de nos maîtres en médecine a proclamé que l'homme a l'âge de ses artères. C'est vrai. L'alcool tue le corps par l'intermédiaire des artères qui le charrient ; il détériore avant tout ces canaux, dont l'intégrité est indispensable à l'équilibre biologique. Un buveur chronique, jeune à quarante-cinq ans, a, pour ce fait, les apparences d'un homme de soixante. M. Lancereaux l'a dit justement : « Cette ressemblance anatomique identifie l'alcoolique au vieillard et nous montre que l'alcoolisme n'est qu'une vieillesse anticipée. » Il en est de même dans l'ordre physiologique ; l'ivrogne, même jeune, a peu de force musculaire ; il tremble ; sa nutrition est ralentie.
Dr LEGRAIN.

PROBLÈME

Un ouvrier gagne 0 fr. 40 par heure et doit travailler 12 heures par jour. Mais il perd 1/8 de son temps au cabaret, où il dépense 0 fr. 90. Combien a-t-il ainsi perdu et dépensé inutilement pendant 300 jours de travail ?

RÉDACTION

Faites le tableau de la vie heureuse d'une famille dont le chef n'entre jamais au cabaret.

13ᵉ SEMAINE

MAXIME
L'ivrogne creuse sa propre fosse

LECTURE
Le premier degré (Voir *les Dangers de l'Alcoolisme* de J. STEEG, p. 47.)

ÉCRITURE

L'homme passe vite de l'excès isolé aux habitudes d'ivresse.

DICTÉE

L'EXEMPLE DE CHEVREUL

Le médecin est saisi d'un sentiment de douloureuse compassion en voyant, trop tard pour y remédier, les plus vigoureuses constitutions minées, ruinées par l'alcool, succomber prématurément. Les alcooliques, pour la plupart, n'atteignent pas l'âge de cinquante ans.

Sans pousser la tempérance aussi loin que l'illustre Chevreul, qui n'avait jamais fait usage de boissons alcooliques et qui, pour la première fois de sa vie, avala une coupe de vin de Champagne le jour où la jeunesse des Écoles fêtait le centième anniversaire de sa naissance, quelques-uns de ces hommes auraient pu, sinon vivre aussi longtemps que le vénéré doyen des étudiants, au moins parvenir à un âge avancé. Malheureusement l'alcool ne permet guère la longévité. Soumis à son action néfaste, les organes essentiels à la vie s'altèrent graduellement.

Dr VIDAL.

PROBLÈME

Un homme absorbe par jour les 4/5 d'une bouteille contenant pour 0 fr. 75 d'eau-de-vie. Si cette eau-de-vie vaut 200 francs l'hectolitre, que dépense cet homme du 15 mars au 31 octobre compris de l'année suivante ?

RÉDACTION

Une mère de famille s'est adonnée à l'ivrognerie. Décrivez l'aspect de l'intérieur du foyer domestique. Vie lamentable du mari et des enfants.

14ᵉ SEMAINE

MAXIME
L'alcool n'est pas un aliment

LECTURE
La petite goutte (Voir *les Dangers de l'Alcoolisme* de J. STEEG, p. 52.)

ÉCRITURE
La volonté de l'alcoolique devient molle et vacillante.

DICTÉE

UN PRÉTEXTE

Beaucoup de gens prétendent que ce n'est pas l'action de l'alcool qu'ils recherchent, mais uniquement la saveur agréable du noble jus de la vigne. Cet argument a quelque chose de licite, en ce sens que par ce procédé nous cherchons à augmenter les jouissances de la table. Mais les joies que la saveur et l'odeur du vin nous préparent, nous les achetons certes bien cher; nous les achetons au prix même des autres jouissances de la table. L'usage des boissons alcooliques pervertit complètement le sens du goût: l'appétit du buveur est presque exclusivement tourné du côté des viandes. Mais les aliments qui procurent au palais non perverti de l'homme sain les plus grandes jouissances, ceux vers lesquels l'enfant, poussé par son instinct normal, tend avidement les bras, à savoir: les fruits sucrés, les mets à saveur douce, ces aliments, dis-je, le buveur en a le dégoût.

Dʳ BUNGE.

PROBLÈME

Un père de famille prend, matin et soir, un apéritif coûtant 0 fr. 30. Le dimanche, il dépense en plus 1 fr. 20.

1° Combien dépense-t-il inutilement et pour nuire à sa santé, en une semaine?

2° Avec cet argent, quel serait le poids du rôti qu'il pourrait manger, le dimanche, avec sa femme et ses enfants, sachant que 500 grammes de ce rôti coûtent 1 fr. 20?

RÉDACTION

Vous connaissez deux personnes, l'une très sobre, l'autre adonnée aux boissons alcooliques.

Ces deux personnes s'expriment-elles avec la même facilité? avec la même clarté?

Comment parlait la première? la seconde?

A laquelle des deux voulez-vous ressembler? Pourquoi?

15ᵉ SEMAINE

MAXIME

La femme qui s'enivre est la honte de son sexe

LECTURE

Le baptême du feu (Voir *les Dangers de l'Alcoolisme* de J. STEEG, p. 68.)

ÉCRITURE

Pourquoi va-t-on le plus souvent au cabaret? Par sotte émulation.

DICTÉE

UNE CONTRÉE MODÈLE

En Écosse, il y a bon nombre de villages et de petites villes composées entièrement de familles de pêcheurs, où, durant les trente dernières années, il s'est fait un grand changement. Autrefois, il y avait beaucoup de cabarets dans ces communautés, et la majeure partie des adultes mâles était plus ou moins adonnée à l'ivresse. Ils croyaient généralement que les boissons alcooliques étaient indispensables à l'accomplissement de leur travail, souvent pénible et fatigant. Aujourd'hui, on ne trouve plus de cabaret. Les délits y sont presque inconnus, tandis que le bien-être, la moralité et le bonheur général de la population ont remarquablement augmenté. Des équipes de six à huit hommes vont maintenant régulièrement sur mer sans une goutte d'alcool, mais bien pourvus de thé et de café.

(Société française de tempérance.)

PROBLÈME

Dans un ménage on consomme 2 décilitres d'eau-de-vie par jour ordinaire et 5 décilitres le dimanche. Quelle est la dépense pour une semaine, si cette eau-de-vie coûte 1 fr. 40 le 1/2 litre ? Avec cet argent combien achèterait-on d'hectolitres de charbon, si le décalitre de ce combustible vaut 0 fr. 30 ?

RÉDACTION

Vous avez rencontré dans la rue une femme ivre. Dans une lettre à une de vos amies, vous dites combien ce spectacle vous a affligée, et quelles réflexions il vous a suggérées.

16ᵉ SEMAINE

MAXIME
L'alcool ne donne pas de force

LECTURE
Alexandre de Macédoine (Voir *les Dangers de l'Alcoolisme* de J. Steeg, p. 75.)

ÉCRITURE

L'alcool pervertit ses victimes.

DICTÉE
L'EXEMPLE PEUT BEAUCOUP

On dit que les parents eux-mêmes ayant l'habitude de boire ne verront pas d'un bon œil l'éducation anti-alcoolique qui tend à les faire mal juger par leurs enfants. Mais on peut répondre : c'est véritablement une chose très désirable que de faire profiter les parents de notions utiles que l'on enseigne aux enfants. Et, si l'enfant refuse de boire de l'alcool que son père lui offre, s'il accompagne son refus de considérations sur les dangers de ce poison, quel mal peut-on y voir ? L'enfant n'aimerait pas plus son père s'il tombait dans les mêmes vices que lui. Je ne dis pas que le père se convertira sous l'influence d'une pareille leçon, mais je crois que l'acte de son enfant le fera réfléchir.

(Société française de tempérance.)

PROBLÈME

Un père de famille boit par semaine environ 2 litres d'eau-de-vie à 1 fr. 75 le litre. A combien se monte la

CONTRE L'ALCOOLISME 29

dépense annuelle ? Combien, avec cette somme, aurait-il pu acheter d'hectolitres de cidre à 0 fr. 25 le litre ?

RÉDACTION

« Il n'y a pas de ma faute, j'ai été entraîné ! » Faut-il écouter les camarades qui vous proposent d'entrer au cabaret ? Doit-on craindre les plaisanteries, les moqueries des autres ? Pourquoi non ? Conséquences. Comment agirez-vous plus tard ?

17ᵉ SEMAINE

MAXIME

L'alcool ne réchauffe pas

LECTURE

Le foie, les poumons, le cœur (Voir *les Dangers de l'Alcoolisme* de J. Steeg, p. 37.)

ÉCRITURE

L'alcool a une influence funeste sur les principaux organes de l'homme.

DICTÉE

TOUT ALCOOL EST UN POISON

Toute espèce d'alcool est un poison, et c'est même pour cela que, dans des cas particuliers, il peut devenir un médicament : car la plupart des médicaments ne sont, en définitive, que des poisons administrés à petites doses et soigneusement proportionnés aux forces du malade. Des observations réitérées, des expériences soigneusement faites ont démontré deux choses : 1° l'alcool est un poison : il peut tuer un homme ou un animal en quelques minutes, pourvu que la dose soit suffisante ; 2° l'alcool n'est point un aliment. Qu'est-ce en effet qu'un aliment ? C'est une substance qui se décompose dans notre corps, de manière à fournir des éléments divers aux tissus qui forment nos organes. Or l'alcool que nous buvons ne se décompose pas ; il reste tel quel dans notre corps.

Dr Coste.

PROBLÈME

La famille d'un ouvrier reste, faute de ressources, sans feu pendant l'hiver. Cet homme boit journellement 0 lit. 4 d'alcool à 1 fr. 85 le litre. Combien, avec l'argent ainsi dépensé pendant 1 an, pourrait-il acheter de stères de bois, si le décistère vaut 1 fr. 90.

RÉDACTION

Le cabaret et le jeu.

Quel autre danger présente encore le cabaret ? Où peut conduire la passion du jeu : indélicatesse, vol, ruine, suicide.

18e SEMAINE

MAXIME

L'ivrognerie est un vice qui dégrade l'homme

LECTURE

Le tremblement (Voir *les Dangers de l'Alcoolisme* de J. Steeg, p. 38.)

ÉCRITURE

Les sens de l'alcoolique sont vite atrophiés ou détruits.

DICTÉE

LES ENFANTS DE L'ALCOOLIQUE

L'alcoolisme n'atteint pas seulement les intempérants pour les tuer avant l'âge, leur infliger les plus cruelles maladies, pour affaiblir leur intelligence et leur volonté, et les conduire, par la pente de la dégradation morale, à la paresse, à la misère abjecte et trop souvent à l'aliénation mentale, au suicide et même au crime, à ces hontes sociales dont la statistique s'élève en proportion de celle de l'abus des boissons alcooliques. C'est une intoxication si redoutable et si profonde qu'elle se transmet par les générations, frappant de maux irrémédiables et souvent d'une mort prématurée la descendance de ses victimes. Que d'idiots, que d'épileptiques, que d'enfants atteints de maladies nerveuses, que de jeunes criminels sont journellement engendrés par des alcooliques !

Dr VIDAL.

PROBLÈME

Un ouvrier a la mauvaise habitude de boire, tous les matins, un petit verre d'eau-de-vie à 0 fr. 10 ; à midi et le soir, un apéritif de 0 fr. 15. Quelle somme dépense-t-il ainsi annuellement ?

Combien, avec cette somme, sa femme eût-elle pu avoir de sarraux et de chemises pour ses enfants, sachant qu'elle les confectionne elle-même et qu'une chemise exige pour 1 fr. 35 de marchandise, et un sarrau pour 2 fr. 30 ?

RÉDACTION

Un homme jeune et robuste est venu demander l'aumône chez vous. Il était ivre. Votre père ne lui a rien donné, et il vous a dit : « Il ne faut pas encourager le vice. » Dites ce que vous pensez des paroles de votre père.

19ᵉ SEMAINE

MAXIME
La vie de l'ivrogne est toujours en danger

LECTURE
Le meilleur ne vaut rien (Voir *les Dangers de l'Alcoolisme* de J. Steeg, p. 63.)

ÉCRITURE
Les alcools vendus cher ne valent pas mieux, au point de vue de la santé, que les alcools bon marché.

DICTÉE
L'ALCOOL PAR LES TEMPS FROIDS

Il est difficile de persuader aux hommes, même à ceux qui n'ont pas l'habitude constante de boire des liqueurs spiritueuses, qu'elles affaiblissent le corps au lieu de le fortifier. C'est un stimulant qui donne un courage momentané, et cet effet est pris pour une augmentation de forces; mais la plus légère attention prouvera que le résultat est tout autre. Qu'on donne à des hommes, occupés d'un travail constant et pénible, un verre de grog ou un petit verre d'eau-de-vie, on verra, souvent au bout de quelques minutes, qu'ils deviennent languissants et faibles, et qu'ils finissent par perdre leurs forces, ce qu'ils attribuent à la continuation de leurs travaux fatigants. L'expérience a établi que les buveurs d'eau surpassent beaucoup les autres en courage et en vigueur.

Dʳ Nansen.

CONTRE L'ALCOOLISME

PROBLÈME

Combien pourrait-on acheter de quintaux de charbon à raison de 3 fr. 60 le quintal avec la somme dépensée annuellement par un ivrogne qui boit chaque jour :
2 apéritifs à 0 fr. 30 l'un ;
3 cafés avec eau-de-vie à 0 fr. 65 chacun ;
Et 4 bocks à 0 fr. 30 le bock.

RÉDACTION

Vous avez un frère qui a l'habitude de boire, chaque matin, un petit verre d'eau-de-vie. Le dimanche, il passe son temps au cabaret. Dans une lettre affectueuse vous lui montrez quelles peuvent être, pour lui et pour sa famille, les conséquences de ses mauvaises habitudes.

20ᵉ SEMAINE

MAXIME

Un soldat qui s'enivre déshonore son uniforme

LECTURE

Ce que l'alcool coûte à la France (Voir *les Dangers de l'Alcoolisme* de J. STEEG, p. 77.)

ÉCRITURE

Le budget de l'alcoolisme ne peut s'exprimer par des chiffres.

DICTÉE

NOUS N'AVONS PAS BESOIN D'EXCITANTS

Il n'est pas vrai que l'homme ait besoin d'excitants, et en particulier d'alcool, pour tout travail corporel ou intellectuel, ni qu'il en fasse partout usage. Les plusieurs millions d'abstinents répandus dans les diverses nations civilisées prouvent nettement le contraire. Depuis neuf ans, je supporte moi-même un travail intellectuel ininterrompu, du matin au soir, le dimanche comme les jours de la semaine, bien mieux que je ne le supportais auparavant, où je prenais journellement deux ou trois verres de vin. J'ai même pu augmenter considérablement mon travail, et, lorsqu'une fois par an, j'ai de courtes vacances qui me permettent enfin d'user de mes jambes, au lieu d'être abîmé de fatigue comme autrefois, je suis en état de faire, sans en souffrir le moins du monde, des courses assez pénibles.

Dr Forel.

PROBLÈME

Un ouvrier tailleur a la mauvaise habitude de prendre, chaque jour, 2 absinthes de 0 fr. 25 chacune. Le dimanche, il dépense, en outre, 0 fr. 75.

1° Calculer sa dépense annuelle ;

2° Combien lui faudrait-il d'années, s'il économisait cet argent, pour acheter dans la banlieue un jardin rectangulaire ayant 75 mètres de long et 58 mètres de large, et coûtant 2.800 francs l'hectare ?

RÉDACTION

Faites le portrait de l'ivrogne. — Montrez que l'alcoolisme efface le sentiment de la dignité personnelle et amène la perte des bons sentiments.

21ᵉ SEMAINE

MAXIME

L'alcoolique n'offre pas de résistance aux maladies

LECTURE

Soldats et marins (Voir *les Dangers de l'Alcoolisme* de J. Steeg, p. 83.)

ÉCRITURE

L'ivrognerie traîne à sa suite un cortège d'autres vices.

DICTÉE

L'ALCOOL EST UN MISÉRABLE MENTEUR

Dans tous les pays, le corps médical est unanime sur les fatales conséquences de l'abus des boissons enivrantes. Il affirme que l'alcool, quelle que soit sa dénomination, a pour effet de peupler les prisons, les hôpitaux et les hospices d'aliénés, ce que, d'ailleurs, nous avons déjà prouvé avec chiffres et faits à l'appui.

L'alcool est le plus effronté et le plus misérable des menteurs ; il trompe tous ceux qui croient trouver en lui quelque qualité bienfaisante. Lentement et perfidement il les tue ; il empoisonne jusqu'à leurs malheureux enfants, sans aucune crainte que la justice vienne lui demander compte de son infernale action.

Dʳ Martel.

PROBLÈME

Un ouvrier consomme chaque matin 2 petits verres de 0 fr. 10 et fume chaque jour pour 0 fr. 20 de tabac.

Combien aurait-il pu économiser en 20 ans, en se privant de tabac et d'eau-de-vie ?

Quel revenu aurait-il retiré de ses économies, s'il les avait placées à 3,75 0/0 ?

RÉDACTION

Montrez les dangers de l'abus de l'alcool : 1° sur le buveur lui-même en temps ordinaire; 2° en cas d'épidémie.

22° SEMAINE

MAXIME

L'alcoolisme place l'homme au-dessous de la bête

LECTURE

Un dialogue (Voir *les Dangers de l'Alcoolisme* de J. Steeg, p. 87.)

ÉCRITURE

L'alcoolisme est le pourvoyeur de la misère et de la mort.

DICTÉE

LES CONSÉQUENCES PHYSIQUES DE L'ALCOOLISME

L'alcoolisé, malgré ses apparences parfois florissantes, a une santé précaire ; son énergie de résistance est diminuée ; il s'ensuit pour lui qu'il offre une très grande vulnérabilité à l'égard des influences nocives extérieures et qu'il est, en outre, une victime facile des maladies accidentelles. C'est un fait grave, si l'on considère que l'alcoolisme fait surtout des ravages dans la classe laborieuse, celle qui, par le fait de sa misère, est déjà placée dans des conditions inférieures de résistance. Cet amoindrissement du buveur est aussi bien la conséquence des périodes aiguës de l'ivresse que de l'alcoolisme chronique. La fréquence de la mort pendant l'ivresse chez les ouvriers pris en hiver par le froid est un fait bien connu.

Dr LEGRAIN.

PROBLÈME

Pierre s'est enivré, et il a dépensé, ce jour-là, les 3/4 de sa semaine payée 21 francs. En sortant du cabaret, il s'est cassé une jambe et est resté 6 semaines sans travailler. Combien cette faute lui a-t-elle fait perdre en tout, sachant que le médecin a fait 8 visites à 2 francs, et que la note du pharmacien s'est élevée à 12 fr. 50.

RÉDACTION

Une de vos voisines qui avait la funeste habitude de s'enivrer vient de devenir folle. Vous en faites part à l'une de vos amies, qui connaît cette malheureuse, et vous lui expliquez comment cette intelligence a disparu peu à peu.

23e SEMAINE

MAXIME

L'alcoolique est souvent un égoïste et un paresseux

LECTURE

Les buveurs d'absinthe (Voir *les Dangers de l'Alcoolisme* de J. STEEG, p. 110.)

ÉCRITURE

L'absinthe est la plus funeste des boissons alcooliques.

DICTÉE

L'ALCOOLISME EST UNE PLAIE SOCIALE

Si, dans l'antiquité, les Spartiates exposaient leurs Ilotes ivres à la vue des jeunes gens pour inspirer à ceux-ci l'horreur du vice, qu'il me soit permis de vous montrer aussi ces malheureux d'aujourd'hui, que dégrade la passion de l'ivrognerie. Voyez-les, ces êtres abrutis, n'ayant plus rien de la dignité humaine!... Plus rien qu'une physionomie hébétée, un corps sans vie, une âme sans aspiration, une intelligence morte, un cœur vide, une brute, en un mot, pour laquelle vertu, honneur, réputation, famille, femme, enfants, ne sont plus que de vains mots!... Alcool, voilà ton œuvre!... Ah! peut-être plus que la froide raison, plus que l'éloquence des chiffres et que les démonstrations les plus solides, un tel spectacle est bien de nature à faire réfléchir.

Dr HANUS.

PROBLÈME

L'alcool fait perdre environ le 1/5 des forces. En supposant que le travail soit rétribué proportionnellement à la force, combien perd, chaque année, de sa faute, un ouvrier qui gagnait avant de boire 5 fr. 60 par jour et travaillait 24 jours par mois.

RÉDACTION

Pour quelles raisons, lorsque vous aurez quitté l'école, aurez-vous soin de ne pas boire de liqueurs fortes?

Quels sont les maux causés par l'abus des boissons alcooliques?

24ᵉ SEMAINE

MAXIME
L'ivrogne est moins raisonnable que les animaux

LECTURE
Dans les ménages (Voir *les Dangers de l'Alcoolisme* de J. Steeg, p. 103.)

ÉCRITURE
La plupart des criminels sont alcooliques.

DICTÉE
L'ALCOOL DANS LES MÉNAGES

En attendant que la prison, l'hôpital, un asile d'aliénés ou le suicide aient mis l'ivrogne dans l'impossibilité de nuire, il reste le fléau de sa famille.

Et cependant cet homme, aujourd'hui misérable, avili, hébété, était, durant les premières années de son mariage, un ouvrier honorable, courageux, rangé, économe, respectant les autres et se respectant lui-même : il aimait son intérieur ; il était l'orgueil et l'espoir de sa femme et de ses enfants.

Il a suffi, pour détruire tout ce bonheur et plonger la jeune et innocente famille dans la misère, que quelques misérables, peut-être jaloux de son bien-être, de sa félicité domestique, l'aient entraîné, détourné de ses devoirs, en lui apprenant à boire. Les ivrognes, comme les gens perdus d'honneur, veulent abaisser tout le monde à leur triste niveau.

Dr Martel.

PROBLÈME

Un ouvrier dissipe par semaine 8 fr. 50 dans les cabarets. Il perd sa journée du lundi, soit 3 fr. 75.

Cherchez quelle somme il gaspille ainsi pendant une année. Supposez cette somme placée à 3 0/0. Quel serait l'intérêt ?

RÉDACTION

Un ouvrier qui s'adonne aux boissons spiritueuses a été blessé à l'atelier. Il est aujourd'hui privé de l'un de ses bras. Le patron n'a pas voulu lui venir en aide. — Misère.

Raconter cette histoire.

25ᵉ SEMAINE

MAXIME

Les meilleures liqueurs sont faites avec des poisons violents

LECTURE

Un avertissement sévère (Voir *les Dangers de l'Alcoolisme* de J. Steeg, p. 92.)

ÉCRITURE

Folie, criminalité et alcoolisme marchent de compagnie.

DICTÉE
UNE QUESTION SOCIALE DE PREMIER ORDRE

De toutes les questions sociales, la plus urgente est celle de l'alcoolisme. On peut, en effet, remédier après coup à une répartition injuste de la propriété, tandis que, l'ensemble de la nation une fois imprégné de maux héréditaires, comme ceux que cause l'alcool, il en résulte pour elle des misères et des souffrances sans fin, auxquelles il est impossible de remédier dans la suite.

La solution de toutes les autres questions sociales sera fortement hâtée par celle de la question de l'alcoolisme. La sobriété, la force et la santé de la classe ouvrière sont, en particulier, les principales conditions de la solution de la question sociale. En cas de lutte, la classe ouvrière aura toujours un grand avantage si elle est abstinente.

Dr BUNGE.

PROBLÈME

Un ouvrier intempérant gagne 4 fr. 25 par jour. Il travaille 305 jours par an. Sa dépense journalière pour la nourriture et le logement est de 2 fr. 75, et une somme de 110 francs suffit à ses autres dépenses. Sachant que les habitudes d'intempérance de cet ouvrier l'empêchent de faire aucune économie, calculez le montant de sa dépense hebdomadaire au cabaret.

RÉDACTION

Pierre était un ouvrier laborieux qui, à force d'économie, était devenu petit patron. Mais il prit l'habitude de fréquenter le cabaret ; il oublia dans l'ivresse les commandes qu'on lui avait faites. Il perdit des clients et se découragea. Il but davantage et eut une fin misérable.

Racontez son histoire avec les enseignements qu'elle comporte.

26ᵉ SEMAINE

MAXIME
L'alcool paralyse le cerveau

LECTURE
Geniòvre et Cⁱᵉ à l'hôpital de la Maison de force
(Voir *les Dangers de l'Alcoolisme* de J. STEEG, p. 117.)

ÉCRITURE
Par l'abstinence, les alcooliques peuvent se guérir.

DICTÉE
LE PROCÈS DE L'ALCOOLISME

Un mal qui terrasse l'énergie physique d'un peuple, qui annihile sa vigueur intellectuelle et ruine ses principes de moralité peut donc, sans conteste, être qualifié de calamité sociale. Je viens de faire dans ce parallèle rapide et général, il est facile de le deviner, le procès de l'alcoolisme. Ce fléau, qu'on y prenne garde, nous décimera, s'il continue son action démoralisatrice et si l'on ne se préoccupe pas davantage d'enrayer ses progrès. Les hommes éclairés qui dirigent le pays ont le devoir de s'inquiéter de son avenir, et il est urgent, pour cela, qu'ils accordent une part égale de leur attention à toutes les causes capables d'assurer cet avenir. Or on ne peut tout demander à leur initiative, et ils doivent légitimement compter sur le concours de tous les hommes qui, par leur fonction sociale, peuvent les éclairer, les aider.

Dʳ LEGRAIN.

PROBLÈME

Deux employés ont les mêmes charges de famille et le même traitement. Le premier, qui est sobre, place mensuellement à la caisse d'épargne une somme de 18 francs. Le deuxième, qui a l'habitude de boire et de fumer, dépense au cabaret et pour son tabac une somme égale aux économies du premier.

Sachant qu'un apéritif coûte 0 fr. 25, on demande le nombre d'apéritifs pris dans un mois par cet employé, en supposant qu'il achète journellement 20 grammes de tabac à 1 franc les 80 grammes ?

RÉDACTION

Votre maître vient de vous faire une leçon sur l'alcoolisme et sur les boissons alcooliques. Dans une lettre à un ami, vous résumez cette leçon en insistant principalement sur l'action que ces boissons exercent sur l'estomac, sur le cœur et sur le cerveau.

27ᵉ SEMAINE

MAXIME

L'alcoolisme est l'école du crime

LECTURE

L'empoisonnement (Voir *les Dangers de l'Alcoolisme* de J. Steeg, p. 21.)

ÉCRITURE

L'alcoolisme chronique n'est, en fait, qu'un empoisonnement.

DICTÉE

L'ALCOOLISME CHRONIQUE

Les accidents d'alcoolisme chronique sont lents, insidieux. Ils demandent de longues années pour former un cortège symptomatique bien dessiné, mais ils sont toujours reconnaissables pour un médecin un peu exercé. Ils ne sont pas tous les mêmes, car les résistances individuelles sont très variées. Chez les uns, la santé physique seule s'altère ; chez les autres, le cerveau et le système nerveux sont atteints de préférence ; mais on peut dire qu'après un laps de temps plus ou moins long les désordres sont absolument généraux, car les effets du poison, constamment charrié par le sang, sont, pour ce fait, toujours généraux aussi.

L'alcool use le corps avec une rapidité plus ou moins grande, c'est-à-dire qu'il lui enlève peu à peu sa résistance, amoindrit sa vitalité, rend tous les organes impropres à accomplir leurs fonctions.

Dr LEGRAIN.

PROBLÈME

Un mécanicien gagne 9 francs par jour ; mais, chaque semaine, il perd une journée et demie au cabaret, où il dépense en moyenne 3 fr. 50 par jour.

Combien, avec ce qu'il perd ainsi — temps et alcool — pendant 5 ans, pourrait-il acheter d'ares de terrain à 2.700 francs l'hectare ?

RÉDACTION

Deux ouvriers sortent en même temps de l'usine : l'un se dirige vers le cabaret, l'autre vers sa maison. Pendant que le premier s'attarde à jouer aux cartes et à boire, l'autre cultive son jardin.

Qu'arrive-t-il à chacun d'eux au point de vue de la santé, de la moralité et de la famille ?

28ᵉ SEMAINE

MAXIME
L'alcoolisme multiplie les crimes et les suicides

LECTURE
Une découverte des alchimistes (Voir *les Dangers de l'Alcoolisme* de J. Steeg, p. 15.)

ÉCRITURE

L'alcool n'est que rarement prescrit comme médicament.

DICTÉE
L'ALCOOL JUGÉ ET CONDAMNÉ PAR LES MÉDECINS

L'excès de consommation du poison qu'on appelle l'eau-de-vie — car c'est un poison plus ou moins lent suivant les constitutions et suivant les abus — a tué plus d'hommes que toutes les guerres, tous les tremblements de terre, toutes les inondations, toutes les catastrophes, toutes les maladies contagieuses, pestilentielles et autres, qui, depuis le commencement du monde, ont ravagé le genre humain.

Les premiers effets de ce poison perfide sont : la diminution de l'appétit, le tremblement des mains, l'hésitation de la langue, le matin, et bientôt le bégaiement ; ce sont des fourmillements, de la titubation, des vertiges, de l'hébètement et quelquefois des hallucinations. En même temps, le dégoût pour les aliments s'accentue.

Dr MARTEL.

PROBLÈME

Un buveur, avec l'argent qu'il a dépensé pour satisfaire son mauvais penchant, aurait pu avoir, à l'âge de 60 ans, un revenu annuel de 525 francs. Quel est le capital qui, placé à 3,75 0/0, produirait cette somme ?

Combien, avec ce capital, pourrait-on acheter de terrain à 5.600 francs l'hectare.

RÉDACTION

Samedi, vers six heures du soir, vous avez vu une pauvre femme entourée de quatre petits enfants, pâles, chétifs et pleurant. Elle attendait son mari qui était entré dans un cabaret après avoir touché sa paye. Racontez ce fait à l'un de vos amis, et appréciez la conduite du père de famille.

20e SEMAINE

MAXIME

L'ivrogne court au-devant de la mort

LECTURE

Un cercle d'ouvriers en Angleterre (Voir *les Dangers de l'Alcoolisme* de J. STEEG, p. 123.)

ÉCRITURE

L'union fait la force.

DICTÉE
QUELQUES PRIVILÉGIÉS

Un état de choses dont on ne peut se faire une idée chez nous se trouve réalisé sur certains points en Angleterre. Ce sont des villages, des petites villes sans débits de boissons alcooliques.

Sans avoir l'espoir, même lointain, de voir ce désidératum réalisé chez nous, il n'en est pas moins curieux d'étudier les effets sociaux qui en résultent. Rien ne dit mieux le mal que fait le cabaret, que le bien qui résulte de son absence.

Il y a donc en Angleterre d'assez nombreuses communautés sans cabaret. Ce sont des hameaux, des villages dont le sol appartient à un seul propriétaire et qui ne loue qu'à la condition qu'on n'ouvrira pas de débits de boissons. Le résultat est constant. Ce sont des villages privilégiés, des oasis. On y voit régner la propreté, l'aisance et la prospérité. Il n'y a pas de police, et les bonnes mœurs y sont proverbiales.

(Société française de tempérance.)

PROBLÈME

Un père de famille dépense chaque semaine 5 fr. 20 au cabaret. S'il eût économisé cette somme et s'il l'eût placée à intérêts simples à 4 0/0 à la naissance de sa fille, quelle somme, capital et intérêts réunis, aurait-il pu lui remettre à sa majorité ?

RÉDACTION

A la sortie de l'école vous rencontrez Baptiste, le charpentier. Il est ivre. Dépeignez-le. — Sa femme veut le ramener à la maison. — Il la bouscule et la frappe. — Les gendarmes interviennent. — Ce qu'ils font.

Racontez ce fait à un ami.

30ᵉ SEMAINE

MAXIME

Le cabaret est le chemin de l'hôpital et de la maison des fous

LECTURE

L'action sur le cerveau (Voir *les Dangers de l'Alcoolisme* de J. STEEG, p. 35.)

ÉCRITURE

L'alcool a une influence terrible sur le cerveau.

DICTÉE

L'ÉPILEPSIE

Si l'épilepsie est loin d'être toujours de nature alcoolique, il est actuellement hors de doute que cette affreuse maladie peut être causée de toute pièce par l'alcool. On sait que l'hérédité a ici une grande importance, et depuis longtemps on s'est aperçu que, chez les épileptiques, les crises sont beaucoup plus fréquentes quand ils usent de liqueurs alcooliques. L'influence de l'alcool étudiée de plus près a permis de conclure à une relation de cause à effet, et cela d'autant plus que l'on connaît plusieurs cas où l'épilepsie a succédé immédiatement à l'ivresse.

Dans le cas où l'épilepsie peu aiguë est due à l'ingestion journalière de liqueurs alcooliques, l'abstinence complète a rapidement guéri les malades.

Dʳ COMBES.

PROBLÈME

Un ouvrier a pris tous les jours, pendant 6 ans, 2 apéritifs de 0 fr. 20 et un petit verre d'eau-de-vie de 0 fr. 15. Quel capital représente la somme dépensée ?

Quel intérêt produirait ce capital placé à 3,75 0/0 pendant 6 ans ?

RÉDACTION

Un ouvrier ivre fait le pari stupide de boire un litre de rhum en quelques minutes. Il tombe foudroyé. Appréciez la conduite de ce malheureux. — Parlez de la misère dans laquelle il plonge sa famille et du déshonneur qui rejaillit sur elle.

31ᵉ SEMAINE

MAXIME

L'ivrogne est le bourreau de sa famille

LECTURE

Troubles de la vue et de l'ouïe (Voir *les Dangers de l'Alcoolisme* de J. STEEG, p. 41.)

ÉCRITURE

L'alcoolique perd bientôt l'acuité de sa vue.

DICTÉE

L'ALCOOL ET LE SENS MORAL

L'une des altérations dues à l'alcool le plus communément observées porte sur le sens moral. Au début, conscient encore de sa funeste passion, mais insuffisamment armé pour la lutte, le buveur a une certaine honte de sa dégradation. Mais la conscience s'obscurcit vite, et avec elle le sens moral. Grossier, cynique, obscène, malpropre, il n'a qu'un but dans la vie, c'est de trouver les moyens de satisfaire son penchant; il se rue sans vergogne dans la débauche la plus vile et ne s'en tient pas ordinairement aux excès alcooliques. Vivant comme un égoïste, ne recherchant que la compagnie de ses égaux, insouciant, indifférent à tout, il devient paresseux; ses sentiments affectifs ont disparu. Ses actes dénotent l'obtusion de tout sens moral.

Dr LEGRAIN.

PROBLÈME

Un homme qui dépensait chaque jour 1 fr. 20 au cabaret économise cette somme depuis 8 ans. Il la place à intérêts simples pendant 30 mois. Avec le capital et les intérêts il achète une propriété.

Quelle est sa contenance si l'are vaut 45 francs ?

RÉDACTION

En état d'ivresse un soldat a bousculé et frappé un officier devant ses camarades. Il est traduit devant un conseil de guerre et condamné à mort. — Réflexions.

32e SEMAINE

MAXIME

L'ivrogne est mauvais fils, mauvais citoyen,
mauvais époux, mauvais père

LECTURE

Méfiez-vous ! (Voir *les Dangers de l'Alcoolisme*
de J. STEEG, p. 67.)

ÉCRITURE

Le petit verre après le repas n'est pas moins funeste que l'alcool pris à jeun.

DICTÉE

LE CHOLÉRA ET L'ALCOOLISME

On sait que les buveurs sont particulièrement sensibles aux influences épidémiques. C'est parce que l'alcool affaiblit l'organisme, diminue son pouvoir résistant et le rend plus impressionnable aux influences morbides. Cela est surtout vrai pour le choléra, et c'est parmi les alcoolisés que le terrible visiteur trouve ses premières et ses plus nombreuses victimes. Les faits ne laissent aucun doute à cet égard. Parmi ceux qui ont été recueillis, citons-en quelques-uns : Pendant le choléra de 1848-1849, le Dr Adams constata que, parmi les gens sobres et tempérants, sur 100 malades, 19 seulement mouraient, tandis que, sur 100 malades buveurs avérés, 91 succombaient. Il considère l'alcool comme l'agent prédisposant le plus sûrement au choléra.

Dr BAER.

PROBLÈME

Une famille est logée à l'étroit pour 270 francs par an. Il lui faudrait, pour avoir un logement plus convenable, payer 2/9 en plus du loyer actuel. Pour trouver l'argent nécessaire, le père a décidé de ne plus boire les 0 lit. 15 d'eau-de-vie qu'il consommait chaque jour.

Sachant que l'eau-de-vie coûte 2 fr. 50 le litre, on demande si le père de famille pourra réaliser son désir ?

RÉDACTION

François a touché sa quinzaine. Il entre au cabaret et s'y attarde. Des rôdeurs le dévalisent et le battent. La leçon est dure, mais elle lui profite, car il a juré qu'il ne mettrait jamais les pieds au cabaret.

Racontez cette histoire.

33ᵉ SEMAINE

MAXIME

Être sobre n'est pas une grande vertu, mais c'est un grand défaut que de ne l'être pas

LECTURE

Un régiment de poisons (Voir *les Dangers de l'Alcoolisme* de J. STEEG, p. 93.)

ÉCRITURE

Les alcools vendus dans le commerce sont presque tous mal rectifiés.

DICTÉE

CHEZ LE LIQUORISTE

A sa vitrine et dans ses rayons, quel luxe de jolis tonnelets et de flacons jaunes, topaze, rubis, rouge sang, vert émeraude, etc. ! Cela crève les yeux à cent pas ; c'est une invasion, c'est une vraie débauche de couleurs !

Ah ! c'est que le liquoriste n'est pas ce qu'un vain peuple pense... Artiste et savant tout à la fois, il reçoit les alcools bruts et les genièvres, et il doit en composer ces liqueurs chères aux gourmets. A lui donc le secret des manipulations chimiques les plus raffinées ; à lui les flacons les plus séduisants, les étiquettes les plus ronflantes, toutes les séductions de la réclame et de l'étalage, car le public est difficile, et à sa clientèle d'élite, qui méprise souverainement le vulgaire genièvre, il faut le petit verre aristocratique, la crème douce, les élixirs réconfortants.

Dr HANUS.

PROBLÈME

Un employé, qui avait l'habitude, chaque dimanche, de dépenser, en apéritifs et liqueurs, la somme de 1 fr. 75, fait acte d'énergie et prend la résolution de passer son dimanche à la campagne, dans la banlieue. Il loue, à cet effet, un jardin de 150 mètres carrés à raison de 30 francs l'are. L'entretien lui revient à 20 francs par an ; mais les légumes qu'il y récolte diminuent sa dépense totale de 1/5. Quelle économie réalise-t-il à passer son dimanche au bon air au milieu des siens ?

RÉDACTION

L'abus des boissons alcooliques a de funestes conséquences dans le présent et dans l'avenir. Lesquelles ? Montrez que celui qui s'y adonne manque à ses devoirs envers lui-même, envers la société et envers la patrie.

34e SEMAINE

MAXIME

L'alcoolique menace sans cesse l'ordre et la civilisation

LECTURE

Lettre d'un manufacturier (Voir *les Dangers de l'Alcoolisme* de J. STAEG, p. 143.)

ÉCRITURE

L'alcoolisme pousse au suicide.

DICTÉE

LA TUBERCULOSE ET L'ALCOOLISME

On sait encore que la tuberculose, cette cause si intense de mortalité, choisit ses victimes parmi les buveurs. « Un grand nombre d'individus adonnés aux liqueurs fortes, dit M. Lancereaux, succombent à la méningite tuberculeuse, à la tuberculose pulmonaire ou péritonéale. Les faits que j'ai observés sont tellement nombreux qu'ils en sont effrayants ; et la preuve qu'il ne s'agit pas là d'une simple coïncidence, ce sont les caractères particuliers que revêt la tuberculose dans les cas de ce genre, où elle se distingue par la dissémination et la généralisation des tubercules, tout au moins dans les poumons et les membranes séreuses. » Le Dr Gibert, du Havre, après avoir montré que, dans cette ville, chaque habitant consomme par an 27 litres d'alcool, fait remarquer que les quartiers les plus ravagés par la phtisie sont ceux où existent le plus de débits.

Dr LEGRAIN.

PROBLÈME

Un ouvrier dépense, en moyenne, au cabaret 0 fr. 30 tous les jours, et 2 fr. 50 en plus tous les lundis. S'il cesse complètement d'aller au cabaret, combien lui faudra-t-il de temps pour acheter un terrain triangulaire de 220 mètres de base sur 80 mètres de hauteur, et qui est estimé 25 francs l'are ?

CONTRE L'ALCOOLISME

RÉDACTION

Un jeune homme rentre ivre après avoir dépensé son salaire de la semaine. — Reproches de ses parents ; surexcité, il repousse sa mère et lève la main sur son père. Racontez ce fait et appréciez-le.

35ᵉ SEMAINE

MAXIME

L'alcool tue plus d'hommes que l'épée

LECTURE

La consommation de l'alcool (Voir *les Dangers de l'Alcoolisme* de J. STEEG, p. 73.)

ÉCRITURE

Le cabaret est un abattoir d'hommes.

DICTÉE

CE QUE L'ALCOOLISME COUTE A LA FRANCE

On se demande jusqu'où peut aller l'aberration des politiciens abusés qui cherchent à faire suer de l'argent au contribuable, quand il serait si facile, en combattant l'alcoolisme, de tarir progressivement la principale source de nos dépenses. L'alcoolisme coûte à l'État plus qu'il ne lui rapporte. Pour obvier aux fâcheuses conséquences de l'alcoolisme seul, le pays est obligé de gaspiller plus qu'il n'encaisse en exploitant le fléau. Et l'on se plaint que la dette s'alourdit sans cesse, quand, par une simple économie sur le chapitre des spiritueux, économie dont bénéficieraient en outre la santé, l'intelligence et la morale publiques, on réaliserait des bénéfices capables d'équilibrer le budget, et l'on verrait le pays s'enrichir au lieu de s'appauvrir.

D' LEGRAIN.

PROBLÈME

Après une maladie, un ivrogne, qui absorbait chaque jour 0 lit. 40 d'eau-de-vie contenant 47 0/0 d'alcool, jure de ne plus boire d'eau-de-vie ; mais il boit journellement 1 lit. 5 de vin renfermant 13 0/0 d'alcool. Consomme-t-il moins ou plus d'alcool en buvant ce vin ?

RÉDACTION

Un charretier ivre frappe à coups redoublés son cheval attelé à une lourde voiture. — Rassemblement formé. — Arrivée du garde-champêtre. — Double contravention. Racontez le fait en y joignant vos réflexions.

36ᵉ SEMAINE

MAXIME

L'alcoolisme est le pourvoyeur de la folie et du crime

LECTURE

Les différents alcools (Voir *les Dangers de l'Alcoolisme* de J. STEEG, p. 25.)

ÉCRITURE

De l'air pur, de l'eau pure, un cœur pur, c'est la santé et le bonheur.

DICTÉE

ORIGINE DE LA DYSPEPSIE

Où le danger des liqueurs fortes prend des proportions plus immédiatement alarmantes, c'est dans l'estomac, le quartier général de notre organisme. Que cet organe soit malade, tous les autres en souffrent profondément !

Tout d'abord, les boissons alcooliques ingérées, même en quantité peu considérable, retardent la digestion par l'action délétère qu'elles exercent sur le suc gastrique ; puis la muqueuse ou membrane rosée, qui le tapisse, s'enflamme, se ramollit, dégénère. Si l'organe fonctionne encore, il ne le fait plus qu'imparfaitement ; le buveur invétéré ne tarde pas à être atteint de dyspepsie ou catarrhe chronique, et de dilatation de l'estomac. Alors surviennent, le matin surtout, des nausées, de la pituite, le vomissement des buveurs.

Dr Hanus.

PROBLÈME

Un buveur absorbe, en moyenne, par jour, 3/4 de litre d'eau-de-vie à 1 fr. 75 le litre.

Combien en consomme-t-il par semaine ?

Quelle somme pourrait-il mettre chaque année à la caisse d'épargne s'il se corrigeait de son défaut ?

RÉDACTION

Vous avez entendu parler des restaurants de tempérance. — Démontrez leur utilité hygiénique et pécuniaire.

37ᵉ SEMAINE

MAXIME
L'ivrogne ne mérite pas le nom de père

LECTURE
La cheminée de Jérôme (Voir *les Dangers de l'Alcoolisme* de J. Steeg, p. 7.)

ÉCRITURE
Homme de vin, homme de rien.

DICTÉE
UNE PLAIE HIDEUSE

L'ivrognerie est une plaie hideuse, ses progrès m'épouvantent. Il y a longtemps que je les surveille avec tristesse et que j'en scrute les raisons; mais, croyez-moi, l'ivrognerie moderne, ce que les savants appellent l'alcoolisme, est un résultat complexe. Je souris quand j'entends ces savants l'expliquer les uns par l'emploi de tel ou tel procédé de distillation, et je hausse les épaules quand je vois des gens, qui se croient sages, prétendre lutter contre les progrès de l'alcoolisme, tout en encourageant et propageant les idées dissolvantes qui les ont rendus possibles. L'ivrognerie est un vice vieux comme le vin, qui est lui-même presque aussi vieux que le monde, mais il ne devient un péril social, et il l'est à l'heure actuelle, que le jour où il se répand dans une population qui n'a plus de traditions de famille.

Metman.

PROBLÈME

Un homme ivre a fait une chute et, par suite, a perdu 18 journées de travail. Le médecin lui a fait 5 visites à 2 fr. 50 l'une, et le pharmacien a coûté 15 fr. 20.

Ces dépenses et le prix des journées perdues représentent une somme qui, en argent, pèserait 521 grammes.

Calculez la perte éprouvée par l'ouvrier et trouvez le prix de son gain journalier.

RÉDACTION

Quand vous voyez un ivrogne, vous éprouvez un sentiment de dégoût, de pitié et de crainte. Expliquez pourquoi.

38ᵉ SEMAINE

MAXIME

Les paresseux et les ivrognes sont le jouet de leurs passions et courent à la ruine

LECTURE

Falsification des vins (Voir *les Dangers de l'Alcoolisme* de J. Steeg, p. 30.)

ÉCRITURE

Le vin est trop souvent l'objet des falsifications les plus coupables.

DICTÉE

STUPIDE IVROGNE

Le voyez-vous rentrer chez lui après avoir dépensé en orgies tout l'argent gagné pendant la semaine, ce père de famille, ivre, sale et dégoûtant, jurant et vociférant, se soutenant à peine, regardant stupidement ceux auxquels il inspire le mépris et l'horreur; il n'a plus conscience de rien ; il est tombé au-dessous de la brute dont il ne mérite pas même de partager le sort ; aucun animal ne laisse crever ses petits de faim ; lui, la bête sans nom, a bu le pain de ses enfants ; il n'en a ni souci, ni regret. Il entre chez lui ; sa pauvre femme pleure, et autour d'elle pleurent ses malheureux enfants. Ils attendent son retour, espérant qu'au moins il rapporterait de quoi acheter un morceau de pain. Ils n'en ont pas mangé depuis la veille, et le boulanger refuse crédit. Le misérable rentre les poches vides et l'estomac plein d'eau-de-vie.

Dr Martel.

PROBLÈME

Un père de famille dépense tous les jours pour 0 fr. 15 d'eau-de-vie et, en outre, tous les dimanches, 2 fr. 50 au cabaret. Combien dépense-t-il inutilement chaque année ?

Il a commencé à l'âge de 20 ans, et il a aujourd'hui 45 ans. De quelle somme pourrait-il disposer aujourd'hui, s'il n'eût pas fait ces dépenses inutiles ?

RÉDACTION

Georges, le forgeron, est au cabaret. L'heure de la fermeture arrive. Il refuse de sortir. Le cabaretier envoie chercher les gendarmes. Georges les insulte et les bouscule. Il est maîtrisé et conduit en prison. Il passera en police correctionnelle. Réflexions.

39ᵉ SEMAINE

MAXIME

La tuberculose a souvent pour origine l'alcoolisme

LECTURE

Jean-François (Voir *les Dangers de l'Alcoolisme* de J. Steeg, p. 132.)

ÉCRITURE

Alexandre le Grand, étant ivre, tua Clitus, son meilleur ami.

DICTÉE

IL EST TEMPS

Il est plus que temps que l'ouvrier surtout, ce grand consommateur, finisse par comprendre les dangers auxquels l'exposent physiquement et moralement les excès des spiritueux. Il n'y a pas d'habitude, quelque enracinée qu'elle soit, dont on ne puisse se corriger avec un peu de bonne volonté et d'énergie. Attendre, pour le faire, jusqu'à ce que l'hôpital ou la prison en fasse une nécessité forcée serait insensé, indigne d'un être raisonnable.

L'alcool bu par l'ouvrier est toujours impur, il est le fossoyeur de nos classes ouvrières. Sur dix convois funèbres qui passent, il compte six ou sept victimes qu'il va précipiter dans la fosse. Honneur, santé, famille, avenir, tout tombe dans le gouffre béant creusé par ce perfide ennemi, qui guette sa proie à tous les coins de rue.

H. Martel.

PROBLÈME

Un ouvrier qui fréquente régulièrement le cabaret n'a travaillé dans l'année que les 19/27 du temps et n'a gagné que 988 francs. Combien eût-il gagné s'il n'eût pas perdu de temps ?

Que lui reste-t-il pour se nourrir et s'entretenir s'il dépense à boire les 88/247 de son gain ?

RÉDACTION

Montrez que par ses conséquences : enfants maladifs, soldats moins vigoureux, ouvriers moins laborieux, l'alcoolisme est un véritable fléau pour le pays.

40ᵉ SEMAINE

MAXIME

Il n'y a pas de malheur qui ne puisse être causé par l'alcoolisme

LECTURE

L'entraînement (Voir *les Dangers de l'Alcoolisme* de J. Steeg, p. 48.)

ÉCRITURE

Les excès s'enchaînent l'un à l'autre par un lien invisible.

DICTÉE

UNE GRAVE QUESTION D'ACTUALITÉ

L'alcoolisme est une des plus graves questions d'actualité, de l'aveu de tous les hommes compétents qui s'accordent à déclarer que, de sa solution, dépend en grande partie l'avenir du pays. C'est un mal qui, en effet, s'attaque de plus en plus à l'équilibre national. Il détruit l'intelligence, la moralité et la santé ; il ruine nos finances. Il n'est pas une question sociale qui ne soit sérieusement compromise par ce fléau, qui frappe de stérilité tout ce qu'il touche.

Le danger apparaît aujourd'hui lumineusement à tout esprit clairvoyant. On essaye partout d'organiser la lutte en agitant l'opinion, et la conscience publique semble enfin s'éveiller après un trop long sommeil ; la menace d'une prochaine déconfiture aiguillonne tous les citoyens affamés de bien public.

Dr LEGRAIN.

PROBLÈME

Un ouvrier boit chaque jour 6 petits verres d'eau-de-vie à 0 fr. 10. Quel serait son revenu au bout de 40 ans, s'il eût acheté une maison avec cet argent dépensé au cabaret, et s'il l'eût louée de manière à lui rapporter 5 0/0 ?

RÉDACTION

Effets de l'alcool sur les organes digestifs.

Vous avez entendu dire que le petit verre d'eau-de-vie, pris le matin, à jeun, tue « le ver ». Ne pensez-vous pas qu'il finit plutôt par tuer l'ivrogne ?

Parlez des effets de l'abus de l'alcool sur les organes digestifs.

41e SEMAINE

MAXIME

L'alcoolisme est le plus grand fléau du XIXe siècle

LECTURE

Au greffe de la prison (Voir *les Dangers de l'Alcoolisme* de J. STEEG, p. 70.)

ÉCRITURE

Une mauvaise habitude peut coûter la fortune, l'honneur, la vie.

DICTÉE

STATISTIQUE CRIMINELLE DE L'ALCOOL

Si nous réunissons tous les crimes et délits perpétrés dans les divers États de l'Europe, d'un côté, et si nous totalisons, d'un autre côté, les populations de toutes les prisons, nous trouvons ce qui suit :

88 0/0 d'ivrognes dans les actes de violence commis contre les personnes, coups et blessures, meurtres, assassinats ;

79 0/0 d'ivrognes dans les faits de vagabondage, mendicité ;

77 0/0 d'ivrognes dans les actes de violence contre les propriétés : incendies, bris de clôture, dégâts ;

70 0/0 d'ivrognes dans les cas de vol, abus de confiance, escroqueries, faux en écriture ;

53 0/0 d'ivrognes dans les actes concernant les mœurs.

Ces chiffres donnent une moyenne de 75 0/0 de crimes et délits perpétrés à la suite d'abus de boissons.

Dr MARTEL.

PROBLÈME

Un père de famille a bu pendant 40 ans, en moyenne, par jour, 0 lit. 5 d'eau-de-vie à 3 fr. 25 le litre. Combien aurait-il de revenu, si avec cet argent dépensé si inutilement il eût acheté de la rente à 3 0/0 au cours de 106 francs.

RÉDACTION

A la suite d'une leçon sur le sang, le cœur, les artères, votre maître a parlé des effets de l'alcool sur les organes de la circulation.

Rapportez ce qu'il vous a dit à ce sujet.

42ᵉ SEMAINE

MAXIME

L'alcool fait plus de victimes que la peste et le choléra réunis

LECTURE

Il faut s'y prendre à temps (Voir *les Dangers de l'Alcoolisme* de J. STEEG, p. 81.)

ÉCRITURE

Serment de buveur, serment de mensonge !

DICTÉE

UNE MALADIE SOCIALE

Considérant donc l'alcoolisme comme un mal général, je dirai comme une maladie sociale, j'étudierai ses progrès, son degré actuel de développement, ses causes premières et ses causes d'entretien, ce qu'on a fait contre lui. En récapitulant les effets de l'alcool sur l'organisme, je montrerai qu'ils s'étendent de proche en proche de l'individu à son espèce. Ce sera démontrer qu'il n'est plus seulement une maladie individuelle, mais qu'il s'attaque à la population tout entière ; que tous, tant que nous sommes, nous en avons souffert et que nous en souffrons encore ; que tous enfin nous avons intérêt à sa disparition. Pour terminer, car ce n'est pas tout que de signaler un mal, il faut en chercher le remède, j'indiquerai ce qui pourrait être tenté pour rétablir l'équilibre des pertes déjà subies.

Dr LEGRAIN.

PROBLÈME

Un employé dépensait journellement, en eau-de-vie, liqueurs et tabac, 1 fr. 60. A la naissance d'un enfant, il cessa cette dépense et économisa l'argent.

L'enfant a aujourd'hui 25 ans. Son père lui remet les économies qu'il a réalisées. A combien s'élèvent-elles ?

RÉDACTION

Un mécanicien alcoolique devenu subitement fou est cause d'un déraillement. Nombreux blessés.

Rapportez ce fait en y joignant vos réflexions.

43e SEMAINE

MAXIME

L'ivrognerie flétrit la jeunesse et la couche dans la tombe bien avant l'heure fixée par la nature

LECTURE

Coups de fouet (Voir *les Dangers de l'Alcoolisme* de J. STEEG, p. 98.)

ÉCRITURE

Qui commet le péché, attend la pénitence.

DICTÉE
UNE MALADIE SOCIALE (suite)

De tout temps on a abusé des liqueurs enivrantes. Un fait est établi, hélas ! à la charge de tous les peuples : toujours ils semblent avoir eu besoin d'un excitant artificiel. Je ne veux pas rechercher les causes psychologiques de cette faiblesse humaine, dont le plus grand tort est assurément de se propager en vertu de ce besoin d'imitation qui fait le fond de notre nature ; mais là où l'on ne rencontre pas le vin et l'alcool, on trouve l'opium, le haschich ou un autre poison. Constatons seulement que ces intoxications sociales ont toujours été une cause de faiblesse, de déchéance, de dégénérescence même ; constatons aussi, pour en faire notre profit, que les époques où elles sévirent de la façon la plus intense ont marqué l'aurore de la décrépitude sociale, suivie bientôt d'une disparition complète.

Dr LEGRAIN.

PROBLÈME

Avec l'argent dépensé au cabaret depuis l'âge de 18 ans, un riche particulier mort à 48 ans aurait pu doter l'hôpital de sa ville d'une rente annuelle de 1.200 francs à 3 0/0. Quelle somme dépensait-il inutilement par an ?

RÉDACTION

« Qui a bu boira », dit le proverbe. Faites voir que cela n'arrive pas toujours et inventez une histoire prouvant qu'un moment d'oubli a pu faire prendre une résolution durable.

44ᵉ SEMAINE

MAXIME

Combattre l'ivrognerie, c'est faire acte d'humanité et de patriotisme

LECTURE

Trois points à retenir (Voir *les Dangers de l'Alcoolisme* de J. Steeg, p. 105.)

ÉCRITURE

Conclusion : Sus à l'alcoolisme !

DICTÉE

NOTRE TACHE EST TERMINÉE

Dans l'intérêt de la vaillante classe laborieuse, dont le bien-être et la prospérité nous tiennent à cœur, nous avons voulu la mettre en garde contre les dangers et les infortunes que l'alcool traîne après lui.

Nous avons montré les victimes de ce monstre, et dans les prisons, et dans les hôpitaux, et dans les hospices d'aliénés. Nous l'avons vu, au sein de la famille, lâche, misérable et assassin. A vous, enfants et adultes, de profiter de ce que nous avons dit. A vous de savoir si vous voulez rester honnête ou le redevenir. A vous de savoir si vous tenez à votre santé, à votre honneur, à votre liberté. A vous de savoir si vous voulez être un homme considéré, ou si vous préférez être la honte et l'opprobre de la société ; la honte, le désespoir et la ruine de votre famille.

Dʳ MARTEL.

PROBLÈME

Pierre gagne 4 fr. 25 par jour et devrait travailler 300 jours par an ; mais il perd les 3/25 de son temps au cabaret et dépense en boissons spiritueuses les 32/85 de son gain. On demande : 1° combien il gagne par an ? 2° le montant annuel de sa dépense en liqueurs alcooliques ?

RÉDACTION

Le jeune Robert, resté orphelin, devint ivrogne. Il dissipa vite la fortune qui lui revenait de ses parents, et, ruiné, il portait une haine mortelle à ceux qui étaient dans l'aisance. Un soir, il assaillit un bourgeois qui rentrait chez lui et le blessa grièvement. Traduit en cour d'assises, il fut condamné à cinq ans de réclusion.

Racontez son histoire et montrez les tristes conséquences de l'ivresse.

CHOIX DE RÉCITATIONS

Le cabaret

Rien ne dit : « Entrée interdite ! »
Sur le seuil de cette maison,
Et cependant l'on y débite,
La nuit et le jour, du poison.
Pour ce logis plein d'épouvante,
Il faudrait, comme pour l'enfer,
Une enseigne écrite par Dante
Avec une plume de fer.
On devrait lire sur la porte :
« Passant, ne franchis pas ce seuil,
Car de ce lieu-ci l'on n'emporte
Que déshonneur, misère et deuil. »
Ne pénètre pas dans cet antre,
On y perd le corps et l'esprit :
Intelligent et brave on entre,
Et l'on en sort stupide et flétri.
Si tu veux rester honnête homme,
Résiste à l'attrait du poison,
Car ce bouge-ci n'est, en somme,
Que l'école de la prison !

STANISLANS.

La mort choisissant un premier ministre

La Mort, reine du monde, assembla certain jour,
    Dans les Enfers, toute sa cour.
Elle voulait choisir un bon premier Ministre
Qui rendît ses États encor plus florissants.
    Pour remplir cet emploi sinistre
Du fond du noir Tartare avancent à pas lents
    La Fièvre, la Goutte et la Guerre :
    C'étaient trois sujets excellents ;

CONTRE L'ALCOOLISME

Tout l'enfer et toute la terre
Rendaient justice à leurs talents.
La Mort leur fit accueil. La Peste vint ensuite.
On ne pouvait nier qu'elle n'eût de mérite ;
Nul n'osait rien lui disputer.
Lorsque de la Famine arriva la visite,
Et l'on ne sut alors qui devait l'emporter...
La Mort même était en balance ;
Mais, les Vices étant venus,
Dès ce moment la Mort n'hésita plus :
Elle choisit l'Intempérance.

FLORIAN.

Les méfaits de l'alcool

Titubant dans les rues et se traînant à peine,
Qui donc est cet homme à la démarche d'un fol,
Effroi des écoliers qui regardent la scène ?
C'est une victime du terrible alcool !
Autrefois, cet homme, bon père de famille,
Travaillait de tout cœur pour ses petits enfants.
Quand venait le dimanche, ô gracieuse idylle !
L'on parcourait joyeux et les prés et les champs.
Mais, jalouse de voir la demeure paisible,
Furieuse en face d'une paix indicible,
L'eau-de-vie fatale apporta son poison !
L'homme but : c'en fut fait du calme et du bonheur !
Les enfants gémirent, la femme fut en pleurs,
Et la joie, pour jamais, s'enfuit de la maison.

O. D.

Le lundi bleu

« Ohé ! les ouvriers, l'espoir de la patrie !
Esclaves de l'étau, martyrs de l'industrie,
Quittez vos établis et fermez vos cartons,
Il fera bon, ce soir, entonner des chansons.

Allons! venez goûter du doux jus de la treille,
En vidant lestement une vieille bouteille.
L'absinthe et le vermouth se boivent à midi ;
Venez, allons fêter le bienheureux lundi ! »
Un joyeux compagnon, le chapeau sur l'oreille,
Le cigare à la bouche et la face vermeille
Par ces mots engageants et des gestes railleurs,
Interpellait de braves travailleurs.
L'un d'eux lui répondit : Les temps sont durs, compère;
Moi, je ne cherche pas la joie au fond du verre,
L'y trouve qui voudra; je soutiens carrément
Qu'il n'est au fond du vin que l'abrutissement.
Il est vrai qu'en buvant on oublie, on s'égaie,
On rit à plein gosier... mais on laisse sa paie
Chez le cabaretier, et puis, comme un pourceau,
On roule en chancelant tout le long du ruisseau;
Quelquefois l'on y tombe; un passant vous ramasse,
Et l'on rentre chez soi plein de boue et de crasse;
Les enfants ont bien peur en vous voyant ainsi,
Votre femme se fâche et l'on se fâche aussi ;
On lui dit des gros mots parce qu'on n'a pas d'âme;
Ces mots la font pleurer, et ces larmes de femme
Vous tombent sur le cœur!! Enfin on ne dort pas ;
Quelque chose, la nuit, vous tire par le bras,
Vous court dans les cheveux et vous dit à l'oreille :
Tu n'as pas bien agi! — La débauche est pareille
A la rouille attaquant les métaux les plus forts ;
Elle ronge à la fois votre âme et votre corps,
Elle énerve, salit, abrutit le prolétaire ;
Enfin l'ivrognerie est sœur de la misère.
Et puis, on réfléchit, on pense à son ménage
A sa femme qui souffre, à l'enfant en bas âge
Qui n'a pas de chaussure et pleurera demain,
Parce qu'on a changé contre du mauvais vin
L'argent de ses souliers ! Quelquefois, le salaire
D'une semaine y passe, et c'est une misère,
Quand il faut, le mardi, se remettre au travail.
Puis voici la famine avec son attirail ;
Elle fait, en boitant, visite du ménage,

Ouvre votre buffet pour y trouver un gage,
Afin de le porter chez l'avide usurier
Qui bientôt logera tout votre mobilier !
Ami, voilà pourquoi, redoublant de courage,
Sans fêter le lundi je me rends à l'ouvrage !

(Société française de tempérance.)

A la jeunesse tempérante

Jeunesse ardente et généreuse,
Que rien n'effraie et rien n'abat,
Comme une élite valeureuse,
Lève-toi pour le grand combat !
Espoir vivant de la patrie,
En tes vertus son cœur a foi :
Contre l'ignoble ivrognerie,
Jeunesse ! elle a besoin de toi,

De tous côtés, le mal empire :
L'intempérance va croissant ;
Déjà sa bouche de vampire
Boit le meilleur de notre sang.
Garde ton corps, garde ton âme
De jamais fléchir sous sa loi :
Pour combattre ce vice infâme,
Jeunesse ! on a besoin de toi !

Pour rester forte, reste pure,
Et, pour croire au bien, crois en Dieu !
Sur ton front, vierge de souillure,
Reçois le baptême de feu,
Des honteux plaisirs de l'ivresse
Fuis l'esclavage avec effroi :
Pour sauver la France en détresse,
Jeunesse ! on a besoin de toi !

La tâche est grande et glorieuse,
Le labeur presque surhumain ;
La lutte est sainte et périlleuse,
Mais la victoire est dans ta main.
Combats toujours, combats sans trêve,
Tiens tête aux railleurs sans émoi :
Nous croyons à notre beau rêve,
O jeunesse ! en comptant sur toi !

É. M.

(De *l'Étoile bleue*.)

Le verre du matin

L'ivrogne va partout vanter ma bienfaisance :
Il me prend au matin pour se donner vigueur.
Me croire bon, c'est sottise et démence :
Au lieu du ver, je détruis le buveur.
Je brûle tout sur mon passage,
Et de la mort je suis l'agent.
Je fauche dans le jeune âge,
J'abrutis l'adolescent
Ma fille est la folie,
Mon fils est assassin.
Ma sœur est l'orgie,
Mon frère est venin.
Jeunesse,
Beauté,
Vieillesse,
Santé,
Je détruis tout sur mon chemin.
Rien ne m'arrête, obstacles, ni barrières.
J'anéantis toujours les plus belles carrières.
Quel est mon nom? Je suis le verre du matin.

A. Antoine.

L'ivrogne et sa femme

Chacun a son défaut, où toujours il revient:
    Honte ni peur n'y remédie.
Sur ce propos, d'un conte il me souvient:
    Je ne dis rien que je n'appuie
De quelque exemple. Un suppôt de Bacchus
Altérait sa santé, son esprit et sa bourse.
Telles gens n'ont pas fait la moitié de leur course
    Qu'ils sont au bout de leurs écus.
Un jour que celui-ci, plein du jus de la treille,
Avait laissé ses sens au fond d'une bouteille,
Sa femme l'enferma dans un certain tombeau.
    Là, les vapeurs du vin nouveau
Cuvèrent à loisir. A son réveil il trouve
L'attirail de la mort à l'entour de son corps,
    Un luminaire, un drap des morts.
« Oh! dit-il, qu'est ceci? Ma femme est-elle veuve? »
Là-dessus, son épouse, en habit d'Alecton,
Masquée et de sa voix contrefaisant le ton,
Vient au prétendu mort, approche de sa bière,
Lui présente un chaudeau propre pour Lucifer.
L'époux alors ne doute en aucune manière
    Qu'il ne soit citoyen d'enfer.
« Quelle personne es-tu? dit-il à ce fantôme
    La cellérière du royaume
De Satan, reprit-elle; et je porte à manger
    A ceux qu'enclôt la tombe noire. »
    Le mari reprit, sans songer:
    « Tu ne leur portes point à boire? »

                              La Fontaine.

Chant des abstinents

    Descendants d'une noble race,
    Comme nos ancêtres les Francs,
    Revêtons-nous de la cuirasse
    De ces illustres conquérants.

CONTRE L'ALCOOLISME

Pour combattre l'intempérance
Il faut réunir nos efforts,
Et conserver à notre France
Des esprits sains et des bras forts.
Amis, sous la même bannière,
Marchons comme de vrais soldats;
Contre la boisson meurtrière,
De combattre ne cessons pas!
Par l'étranger jadis meurtrie
Et mise à rançon lâchement,
De ses malheurs notre patrie
Sut se relever fièrement.
Sera-t-elle moins intrépide
Pour lutter contre la boisson,
Qui, plus que l'étranger perfide,
Prend argent, honneur et raison?
Déjà, dans villes et villages,
Pour arrêter de ce fléau
Les épouvantables ravages,
Qui donc agite le drapeau?
C'est la jeunesse tempérante,
L'unique espoir de l'avenir,
Qui, de la liqueur enivrante,
Nous invite à nous abstenir.

É. Mallet.

L'eau de mort

Il est un poison qui tue
L'âme et le corps lentement;
Son feu subtil s'insinue
Comme un venin de serpent.
Ce poison fait, sur la terre,
Des ravages redoutés :
Mieux que la peste ou la guerre,
Il dévaste nos cités.
Ce breuvage aux sombres charmes,
Plus qu'un despote est puissant;

Il fait verser bien des larmes,
Il fait couler bien du sang.
Bien des mères désolées,
Des orphelins sans secours,
Des veuves inconsolées,
Le maudissent tous les jours.
Il dérobe à nos campagnes
Les travailleurs et leurs bras ;
Puis il va remplir les bagnes
D'un peuple de scélérats.
Ce poison des cimetières
Fertilise le jardin ;
Ses promesses meurtrières
Déciment le genre humain.
Il est enfin par ses crimes,
Le pourvoyeur de l'enfer ;
Autant compter ses victimes
Que les sables de la mer.
Buveurs ! si c'est votre envie,
Buvez, buvez sans remords ;
Mais sachez que l'eau-de-vie
Est bien plutôt l'eau-de-mort.

E. Monod.

L'ouvrier tempérant

« — Bonjour, femme ; bonjour, mes chers petits enfants ;
Venez tous m'embrasser ; ouvrez vos bras bien grands.
C'est la paye aujourd'hui. C'est le jour de quinzaine.
Je vous rapporte à tous ma bourse toute pleine.
Femme, voilà pour toi. C'est pour le bon pain blanc,
C'est pour le pot-au-feu, l'habit, le vêtement ;
Le reste, je le donne aux enfants pour l'épargne.
Vous voyez que je fais part de ce que je gagne. »
« — Papa, notre voisin est malade et souffrant.
Il est pauvre. Veux-tu que je lui porte un franc ? »
« — Va, cher petit ami, soigne ce pauvre diable.
Soulager l'infortune est une œuvre admirable. »

A. Antoine.

Sobriété et tempérance

La sobriété veut que nous donnions à notre corps ce qui lui est utile et nécessaire ; l'intempérance, au contraire, va jusqu'à l'abus et ne s'arrête qu'à la satiété.

L'intempérant est donc l'ennemi de lui-même et en quelque sorte le bourreau de son propre corps, puisqu'il nuit à sa santé et détruit peu à peu la vie en lui.

Nous perdons chaque jour des forces par le mouvement et le travail : nous devons, par la nourriture, réparer ces pertes. Mais les aliments qui sont indispensables à notre existence ne doivent jamais, par l'abus, devenir nuisibles à notre santé. Nous devons boire et manger pour vivre, et non vivre pour boire et manger.

Une leçon de tempérance

Tandis que le jeune Cyrus était à la cour d'Astyage, son grand-père, il fit un jour la fonction d'échanson ; mais, avant de verser à boire, il ne goûta point la liqueur qu'il servait, comme c'était l'usage. Astyage s'en aperçut et lui en demanda la raison. — « Je craignais, dit Cyrus, que cette liqueur ne fût du poison ; et voici ce qui me le faisait croire : J'ai remarqué l'autre jour, pendant le repas que vous avez donné aux seigneurs de votre cour, qu'après en avoir bu, vous étiez, vous et eux, tout différents de ce que vous êtes habituellement. Vous criiez tous à la fois, et vous ne vous entendiez pas. Et, lorsque vous vous êtes levés pour danser, non seulement vous ne dansiez pas en mesure, mais vous ne pouviez pas même vous soutenir. — Dites-moi donc, mon fils, reprit Astyage, n'arrive-t-il pas la même chose à votre père ? — Jamais, répondit Cyrus ; quand il a bu, il cesse seulement d'avoir soif. »

Le serment de Charles XII

Charles XII, qui fut roi de Suède, avait un jour, dans l'ivresse, perdu le respect qu'il devait à la reine son aïeule ; elle se retira, pénétrée de douleur, dans son appartement. Le lendemain, comme elle ne paraissait pas, le roi en demanda la cause, car il avait tout oublié. On la lui dit. Il alla trouver la princesse : « Madame, lui dit-il, je viens d'apprendre qu'hier je me suis oublié à votre égard ; je viens vous en demander pardon, et, afin de ne plus tomber dans cette faute, je vous déclare que j'ai bu hier du vin pour la dernière fois de ma vie. »

Il tint parole. Depuis ce jour-là, il ne but que de l'eau et fut d'une sobriété qui ne contribua pas moins que l'exercice à rendre son tempérament fort et robuste.

(VOLTAIRE, *Histoire de Charles XII*.)

L'ivresse

Le démon se présenta un jour à un homme sous la forme la plus effrayante et lui dit :

« Tu vas mourir ; cependant je puis te faire grâce à l'une des trois conditions suivantes : Tue ton père, frappe ta sœur, ou bois du vin. »

« — Que faire ? pensa cet homme. Donner la mort à qui m'a donné le jour ? c'est impossible ! Maltraiter ma sœur ? c'est affreux ! Je boirai du vin. »

Et il but du vin ; mais, s'étant enivré, il maltraita sa sœur et tua son père.

(Légende arabe.)

Marche des tempérants

Remplis d'espérance,
Sûrs d'être vainqueurs,
Pour sauver la France,
Unissons nos cœurs.

La boisson perfide,
Depuis trop longtemps,
Tient sous son égide
De nombreuses gens,
Répand la misère
Et sème la mort;
Faisons-lui la guerre
D'un commun accord.
Que dans la mansarde,
Ainsi qu'au château,
On se mette en garde
Contre ce fléau,
Qui vide la bourse,
Détruit la santé,
Et prend dans sa course
Notre liberté;
Flétrit la jeunesse,
L'espoir de demain,
Et prend la vieillesse
Avant son déclin.
Amis, à l'ouvrage
Ne reculons pas;
L'ennemi fait rage,
Redoublons nos pas;
Que nul ne défaille,
Vieillards comme enfants,
Livrons la bataille,
Soyons triomphants;
Et la tempérance,
Ce si grand trésor,
Conduira la France
Vers un siècle d'or.

ÉMILE MAILLET.

(Extrait de *l'Étoile bleue*.)

PROGRAMME

D'ENSEIGNEMENT ANTIALCOOLIQUE

1° Partie Hygiénique.

Des boissons en général. — L'eau avant tout. Ses qualités, filtrage, pasteurisation. — Boisson des anciens, des animaux. — Boissons fermentées : vin, cidre, bière. Action physiologique de ces boissons. Effets pathologiques de leurs abus. — Boissons distillées : eau-de-vie, rhum, kirsch, genièvre, amers et leurs dérivés. — Les essences et bouquets. — Composition des alcools ; ce que l'on en fait. Action de l'alcool sur la santé ; son élimination. — L'ivresse et l'alcoolisme. — Influence de l'alcoolisme sur la race.

2° Partie Économique.

L'alcoolisme favorise la misère dans les familles, accroît le paupérisme. — Ses effets sur la richesse publique. — Ce que l'alcoolisme coûte à la France. — Son action sur le chômage, les accidents, le suicide, la criminalité. — Idée de l'entretien des asiles spéciaux, des hôpitaux ou hospices. — Dépopulation. — L'alcool, force motrice, éclairage.

3° Partie Psychologique.

Ce que c'est que l'alcoolisme. — Comment on devient alcoolique. — Influence de l'alcoolisme sur le cerveau, le système nerveux, le cœur, les poumons, le foie, les reins. — Affaiblissement de l'intelligence, de la volonté. — Tares et dégénérescence.

4° Partie Morale.

Effets de l'alcoolisme sur le sens moral, sur les rapports sociaux, la race, la famille, la moralité, la dignité en général.

EXEMPLE

DE RÉPARTITION DES DEVOIRS ET DES LEÇONS

1° *Le Mardi.* — Lecture par le maître, problème et dictée contre l'alcoolisme.
2° *Le Vendredi.* — Tous les 15 jours au plus, leçon spéciale de sciences.
3° *Le Samedi.* — Tous les 15 jours au moins, rédaction (composition française) et exercice de récitation contre l'alcoolisme.

MOYENS PRATIQUES

Il en est un qui prime les meilleurs ; à lui seul, il fait plus que de doctes et savantes leçons, que les conférences, les causeries les plus érudites, que les ouvrages les mieux conçus :

C'EST L'EXEMPLE.

Oui, l'exemple d'abord et surtout.

Tant que les éducateurs parleront contre l'alcool — parce qu'on les y oblige — et qu'ils ne cesseront pas eux-mêmes de s'en empoisonner, de s'alcooliser, en somme, sous le spécieux prétexte de faire comme *tout le monde*, leurs leçons seront vaines.

On comprend encore dans les moyens pratiques les associations antialcooliques, dites *sections cadettes*, la lecture de faits divers, de journaux *ad hoc* commentés, la distribution de bons points, de publications, de tracts, l'apposition d'affiches, de sentences, etc.

TABLE DES MATIÈRES

	Pages.
Préface...	V
1re semaine...	7
2e semaine...	8
3e semaine...	10
4e semaine...	11
5e semaine...	12
6e semaine...	14
7e semaine...	15
8e semaine...	16
9e semaine...	18
10e semaine...	19
11e semaine...	21
12e semaine...	22
13e semaine...	23
14e semaine...	25
15e semaine...	26
16e semaine...	28
17^e semaine...	29
18^e semaine...	30
19^e semaine...	32
20^e semaine...	33
21^e semaine...	35
22^e semaine...	36
23^e semaine...	37
24^e semaine...	39
25^e semaine...	40
26^e semaine...	42
27^e semaine...	43
28e semaine...	45
29e semaine...	46

TABLE DES MATIÈRES

	Pages
30ᵉ semaine	48
31ᵉ semaine	49
32ᵉ semaine	50
33ᵉ semaine	52
34ᵉ semaine	53
35ᵉ semaine	55
36ᵉ semaine	56
37ᵉ semaine	58
38ᵉ semaine	59
39ᵉ semaine	61
40ᵉ semaine	62
41ᵉ semaine	63
42ᵉ semaine	65
43ᵉ semaine	66
44ᵉ semaine	68
Choix de récitations	70
Programme d'enseignement antialcoolique	81
Exemple de répartition des devoirs et des leçons	83
Moyens pratiques	84

TOURS, IMPRIMERIE DESLIS FRÈRES, RUE GAMBETTA, 6

A LA MÊME LIBRAIRIE

Envoi franco contre le prix en timbres ou mandat.

Petite Bibliothèque théâtrale

de la Jeunesse

PIÈCES, MONOLOGUES, CHŒURS

Pour les Fêtes scolaires, Cours d'adultes, etc.

A

75 centimes, 25 centimes, 20 centimes.

Sous ce titre général, nous avons mis en vente une série de pièces, de monologues et de chœurs qui ont obtenu un franc et légitime succès.

Prière instante de nous en demander le prospectus spécial.

J. AZAÏS

Directeur d'école à Paris, Professeur diplômé de Dessin et de Travail manuel.

LE DESSIN A L'ÉCOLE PRIMAIRE

80 LEÇONS-MODÈLES MURALES

(0m53 × 0m43)

Imprimées sur papier fort double face, munies d'œillets et prêtes à être placées sur les murs de l'école.

(Une notice explicative accompagne la Collection).

La Collection entière...................... 12 50

PREMIÈRE PARTIE : Les planches 1 à 40 se vendent séparément. 7 »
DEUXIÈME PARTIE : Les planches 41 à 80 se vendent séparément. 7 »
Carton pour enfermer la Collection.................... 1 50
Appareil spécial pour accrocher la Collection au mur...... » 60

A LA MÊME LIBRAIRIE
ENVOI FRANCO CONTRE TIMBRES OU MANDAT

A. PIERRE, A. MINET et Mlle A. MARTIN

MÉTHODE DE LECTURE *appropriée à l'âge et à l'intelligence des enfants* **1er Livret** 1 vol. in-8°, cartonné.... 0 30	MÉTHODE DE LECTURE ET RÉCITS ENFANTINS **2e Livret** 1 vol. in-8°, cartonné.... 0 50

MES PREMIÈRES LECTURES

NOS PETITS AMIS
2e DEGRÉ (ÉLÉMENTAIRE)

1 vol. in-12, cartonné........................... 0 60
Le Livre du Maître........................... 1 »

CONTES ET HISTORIETTES MORALES
3e DEGRÉ (ÉLÉMENTAIRE MOYEN)

1 vol. in-12, cartonné........................... 0 80
Le Livre du Maître........................... 1 20

MON COUSIN JACQUES
4e DEGRÉ (MOYEN ET SUPÉRIEUR)

1 vol. in-12, cartonné........................... 1 40
Le Livre du Maître........................... 2 »

A. PIERRE, LETRAIT et Mlle BODIN

LECTURES ET RÉCITATIONS MORALES

Pour les Petits. 1 vol. in-12, cart............... 0 70
Les Moyens et les Grands. 1 vol. in-12, cart....... 0 90
Le Livre du Maître. 1 vol. in-12, cart............ 2 »

A LA MÊME LIBRAIRIE

P. LABEYRIE (I. ☼) & **Édouard GILLET**
Inspecteur de l'Enseignement primaire, | Instituteur.
Chevalier du Mérite agricole.

Manuel-Revision du Certificat d'études primaires

(*Classes du jour et cours d'adultes*). Sur un plan nouveau, d'après les programmes et les plus *récentes* circulaires ministérielles.

Le Manuel-Revision se vend complet et en livrets séparés.

Prix du Manuel-Revision, complet, cartonné. 1 vol. in-12, illustré
   de nombreuses figures, cartes, gravures.......................... 1 50

Livret de Morale et d'Enseignement civique....................... » 30
Livret d'Histoire et de Chronologie, avec cartes.................. » 40
Livret de Géographie de la France et de ses Colonies, avec cartes. » 30
Livret d'Arithmétique, Comptabilité, Géométrie pratique, avec figures. » 40
Livret de Sciences usuelles, appliquées à l'agriculture et à l'hygiène,
   avec figures... » 40
Livret de Grammaire et principales règles orthographiques........ » 30

P. LABEYRIE & Édouard GILLET

La Récitation du Certificat d'études. 24 *Morceaux choisis*. — *Sens général des morceaux*. — *Explication des mots*. — *Diction*. — *Biographie*.

Un volume in-12, cartonné... » 30

Octave AUBERT
Lauréat de l'Académie française.

Pour nos chers Enfants. Poésies de l'école et du foyer.
Illustrations de FERNAND FAU.

1re SÉRIE. — *Édition classique*. 1 volume in-12, cartonné.......... » 60
  —   *Édition populaire*, relié bradel.................... 1 50
  —   —   relié, tranches dorées................. 2 50
2e SÉRIE. — *Édition populaire*. 1 volume in-12, relié bradel....... » 90
  —   —   1 vol. in-12, relié, tranches dorées. 2 50

A. PIERRE, Léon LETRAIT & M. BODIN

Pour les Petits : **Lectures et Récitations morales.**
Un volume in-12, cartonné.. » 70

Pour les Moyens et les Grands : **Lectures et Récitations morales.** Un volume in-12, cartonné.. .... » 90

(Pl. n° 2).

A LA MÊME LIBRAIRIE
Envoi *franco* contre mandat ou timbres-poste.

COURS MOYEN et COURS SUPÉRIEUR des Écoles élémentaires
J. BAUDRILLARD & L. LETRAIT
Inspecteur primaire de la Seine.   Directeur d'école primaire.

LECTURES-LEÇONS D'INDUSTRIE
ET D'HYGIÈNE

Promenades-lectures, Lectures-leçons, Expériences et exercices d'observation, sujets de rédaction donnés aux examens du Certificat d'études primaires.

Un vol. in-12, cartonné, orné de très nombreuses gravures...... 1 fr. 50

PRÉPARATION MÉTHODIQUE DU CERTIFICAT D'ÉTUDES
TOUTEY & E. FICHAUX
Licencié ès lettres, Inspecteur primaire.   Instituteur.

COURS MÉTHODIQUE DE DICTÉES
Cours moyen — Cours supérieur — Cours complémentaire
SUR UN PLAN ENTIÈREMENT NOUVEAU

319 Dictées. — Applications des règles. — Orthographe d'usage
Orthographe raisonnée. — Familles de mots.

Un vol. in-12, cartonné........................... 2 fr. 25

VOLUME NOUVEAU, COUVERTURE ROUGE
A. AMMANN & E.-C. COUTANT

HISTOIRE DE FRANCE
DU BREVET ÉLÉMENTAIRE

Un vol. in-12, relié toile.. 2 fr. 50

Préparation au Brevet élémentaire.

COMMENT ON PREND UN CROQUIS
ÉDUCATION DE L'ŒIL

La perspective à vue rendue simple et pratique
OBJETS USUELS — PAYSAGE — FIGURE

Par Émile BOCQUILLON, professeur de dessin et peintre.

Un vol. in-4° couronne orné de 174 croquis d'après nature. 2 fr., cart. 2 fr. 50

(Pl. n° 7).

A LA MÊME LIBRAIRIE
Envoi franco contre mandat ou timbres français.

Dr LEGRAIN et PÉRÈS

L'ENSEIGNEMENT ANTIALCOOLIQUE
à l'École
24 Leçons-Lectures, etc.

1 volume in-12.................................... 1 25

Fleurs et Légumes
(1ʳᵉ SÉRIE)
Bons Points artistiques en couleurs
avec notice, imprimés sur carte forte glacée,
7 cent. × 9 cent.
40 FLEURS — 40 LÉGUMES

Le cent............. 1 50 | Le mille............ 14 »

Bons Points
ANTIALCOOLIQUES
Par le Dr GALTIER-BOISSIÈRE
9 cent. × 11 cent.
en couleurs, très soignés, avec notice imprimée sur carte forte glacée.

La collection de vingt............ » 60
Le cent............. 2 50 | Le mille............ 22 50

TOUTEY et E. FICHAUX
Inspecteur de l'Enseignement primaire,   Instituteur.
Licencié ès lettres.

COURS MÉTHODIQUE DE DICTÉES
Cours moyen, Cours supérieur, Cours complémentaire
SUR UN PLAN ENTIÈREMENT NOUVEAU

300 Dictées. — Application des règles.
Orthographe d'usage. — Orthographe raisonnée.
Familles de mots.

1 volume in-12, cartonné................................ 2 25

(N° 6)

A LA MÊME LIBRAIRIE

Mlle Marie KŒNIG
Ancienne inspectrice, Officier de l'Instruction publique.

Aimons les Champs
Simples récits
Pour les enfants de 7 à 9 ans.

Un volume in-8°, cartonné.................. » 80
Édition de luxe, relié, couverture chromo.. 1 20

A. PIERRE, A. MINET ET Mlle ALINE MARTIN

Mon Cousin Jacques
HISTOIRE D'UN CANDIDAT AU CERTIFICAT D'ÉTUDES

1 volume in-12, cartonné 1 40
Le Livre du Maître........................... 2 »

F. COMTE
Directeur d'École communale, Membre du Conseil supérieur de l'Instruction publique.

ET

E. BOCQUILLON
Instituteur.

LA CHRONOLOGIE
PAR
L'ASPECT
Histoire de France

Le Tableau mural en 2 couleurs, 1ᵐ 20 × 0ᵐ 40, en feuille.... 2 »
    —   — collé sur toile et muni d'œillets.......... 3 »
La Carte à l'usage des élèves. 0ᵐ 60 × 0ᵐ 70, tirée en 2 couleurs sur papier très résistant et destinée, à l'aide d'un gommage, à être ajoutée à tous les cours d'histoire............................ » 25

A LA MÊME LIBRAIRIE
Envoi franco contre mandat ou timbres.

P. LABEYRIE & Édouard GILLET
Inspecteur primaire. Instituteur.

LA RÉCITATION
AU CERTIFICAT D'ÉTUDES

**24 Morceaux choisis. — Explications. — Diction.
Biographies. — Pages blanches.**

1 volume in-12, cartonné.................... » 30

E. BOUVIER et L. LETRAIT

LECTURES-LEÇONS
D'AGRICULTURE
et des Sciences physiques et naturelles

1 volume in-12, cartonné........................... 1 50
Problèmes et rédactions agricoles, 1 vol. in-12... » 15

Édition de la région du NORD et du NORD-OUEST, par
M. DAVID, inspecteur primaire du Pas-de-Calais (couverture bleue).
1 vol. in-12, cartonné........................... 1 50

Mlle Marie KŒNIG
Ancienne Inspectrice des Écoles maternelles, Officier de l'Instruction publique.

Aimons les Champs
SIMPLES RÉCITS POUR LES ENFANTS DE 7 A 9 ANS

1 vol. in-8°, cartonné, illustré de nombreuses gravures....... » 80
Édition de luxe. — 1 vol. in-8°, relié, couverture chromo. 1 20

A LA MÊME LIBRAIRIE
Envoi *franco* contre mandat ou timbres-poste.

J. BAUDRILLARD & L. LETRAIT

LECTURES – LEÇONS
DE CHOSES

LECTURES — EXPÉRIENCES — EXERCICES D'OBSERVATION
SUJETS DE RÉDACTION

Nombreuses gravures expliquées

1 volume in-12, cartonné.............. 80 cent.

H. de PUYTORAC, professeur diplômé d'Agriculture.

TABLEAUX DÉMONSTRATIFS
D'AGRICULTURE

SERVANT

à l'Enseignement des notions élémentaires d'Agriculture
d'après les programmes officiels

2 superbes tableaux en chromo, imprimés sur carton rigide et prêts à être placés au mur. Prix.................. 7 »
Port *franco en gare* et emballage sous plateau.......... 1 »

COLLECTION DE MAXIMES MURALES
Imprimées en gros caractères
sur papier *idéal* fort et prêtes à être placées sur les murs de l'école.
Prix franco de chaque série, **1 franc**.

14 Maximes antialcooliques murales (5ᵉ ÉDITION).
15 Maximes murales d'Hygiène (3ᵉ ÉDITION).
15 Maximes murales du bon Écolier (2ᵉ ÉDITION).
15 Maximes murales d'Agriculture (2ᵉ ÉDITION).
15 Maximes murales de la petite Ménagère (2ᵉ ÉDITION).
15 Maximes murales du petit Citoyen (2ᵉ ÉDITION).
15 Maximes murales de Mutualité (nouveauté).
15 Maximes murales de Morale (devoirs envers les parents) (nouveauté).
15 Maximes murales contre la tuberculose (nouveauté).

La Mutualité est l'école de la fraternité.

Réduction au 8ᵉ d'une maxime murale de Mutualité.

(Pl. n° 1).

A LA MÊME LIBRAIRIE

Mlle Marie KŒNIG
Ancienne Inspectrice, Officier de l'Instruction publique.

Aimons les Champs
Simples récits
Pour les enfants de 7 à 9 ans.

Un volume in-8°, cartonné...................... » 80
Édition de luxe, relié, couverture chromo.. 1 20

A. PIERRE, A. MINET ET Mlle ALINE MARTIN

Mon Cousin Jacques
HISTOIRE D'UN CANDIDAT AU CERTIFICAT D'ÉTUDES

1 volume in-12, cartonné 1 40
Le Livre du Maître .... 2 »

F. COMTE
Directeur d'École communale, Membre du Conseil supérieur de l'Instruction publique.
ET
E. BOCQUILLON
Instituteur.

LA CHRONOLOGIE
PAR
L'ASPECT
Histoire de France

Le Tableau mural en 2 couleurs, 1m 20 × 0m 40, en feuille... 2 »
   — collé sur toile et muni d'œillets............ 3 »
La Carte à l'usage des élèves, 0m 60 × 0m 70, tirée en 2 couleurs sur
papier très résistant et destinée, à l'aide d'un gommage, à être
ajoutée à tous les cours d'histoire................. » 25

Tours, imp. Deslis Frères